살아보니, 네덜란드

살아보니, 네덜란드

초판 1쇄 발행 2025년 2월 17일

지은이 유신영
펴낸이 강수걸
편집 이소영 강나래 오해은 이선화 이혜정
디자인 권문경 조은비
펴낸곳 산지니
등록 2005년 2월 7일 제333-3370000251002005000001호
주소 부산시 해운대구 수영강변대로 140 BCC 626호
전화 051-504-7070 | 팩스 051-507-7543
홈페이지 www.sanzinibook.com
전자우편 sanzini@sanzinibook.com
블로그 sanzinibook.tistory.com

ISBN 979-11-6861-417-8 03920

살아보니, 네덜란드

유신영 지음

산지니

이 책을 가능하게 해준 내 반쪽 톰에게

고마움을 전하며

머리말

돌고 돌아 나는 또 네덜란드에 왔다. 그것도 네덜란드인 남편과 함께. 한국에서 네덜란드 회사에 다닌 것이 운명의 한 수였을까. 커리어를 위해 네덜란드에 왔다가 영국에 가고 중국에 가고, 수많은 나라를 여행했음에도 나는 다시 취업과 함께 네덜란드로 돌아왔다. 네덜란드에서 20대와 30대의 대부분을 보냈고, 이제 마흔을 바라보는 나이에 나는 이 나라의 조그만 마을에서 아기를 기르고 있고 둘째를 임신했다. 가족계획이라고는 '아이는 낳으면 좋고 아니면 말고'라며 쉽게 생각하던 내가 셋째를 생각하게 될 정도로 네덜란드는 그동안 나를 많이 바꾸었다. 문득 나의 변화를 돌아보면 이제는 공기처럼 익숙해진 이곳의 독특한 문화가 새삼스레 느껴진다. 사소한 예로는, 처음에 출근할 때는 검은색 스틸레토를 신고 지하철을 타고 노트북을 가지고 다니다가, 언젠가부터 운동화를 신고 자전거를 타고 노트북은 회사 사물함에 넣어두고 다니게 되었다. 일을 위해 어디로든 떠났던 내가 출장을 꺼리기 시작하더니 어느새 주 1회 근무를 거쳐 지금은 육아를 위해 직장을 쉬고 있다. 에둘러서 말하는 공손함은 다시 배워야 할 것처럼 네덜란드식 직설화법에 물들었고 외식할 때 나눠 먹기는 싫어졌다. 짠돌이 네덜란드 사람들처럼 돈 한 푼 쓸 때마다 비싸다는 생각이 먼저 든다.

몇 해 전 남동생 내외가 네덜란드에 오게 되었다. 나는 반가운 마음에 이메일로 하기에는 너무 긴 생활팁이며 알아두면 좋을 이야기들을 블로그에 적었다. 그렇게 그곳에 우리나라에 잘 알려지지 않은 현실 네덜란드 이야기보따리를 풀기 시작했다. 한번 시작하니 멈출 수가 없어 네덜란드에 대한 책을 출간하는 지금까지 왔다. 내가 산다고 네덜란드에 관한 칭찬만 늘어놓기는 싫다. 그렇다고 비꼬기도 싫다. 그저 다른 것은 다를 뿐. 십 년의 일상이 알려주는 네덜란드만의 색깔이 있다. 내가 익숙했던 것과 달라 눈이 휘둥그레지게 황당하고 때로는 마음에 쏙 들어도, 무엇이 좋다, 나쁘다 구분 짓고 싶지 않다. 그것을 차이라 느낄 때 내 사고의 지평이 넓어지니 그뿐이다.

네덜란드에는 알면 알수록 신기한 관습이나 생활상이 많다. 그래서 다행이다. 까면 깔수록 냉탕과 온탕을 오가는 흥미로운 나라 아닌가. 10원도 나눠 내자는 동료들을 보면 답답하다가도 서로 편지를 써주고 생일을 꼼꼼히 챙겨주는 지인을 만나면 마음이 따뜻해진다. 초원에서 풀을 뜯는 한가로운 소, 동네가 떠나가라 놀이터에서 노는 아이들, 그런 아이들을 학교에 바래다주는 아빠들을 보면 참 여유롭다 싶다. 그러다가도 일 년 365일 중 233일이 비가 오고[1] 파란색 줄이 그어진 세금 고지서만 보면 '또'라는 생각에 가끔은 '탈네덜란드' 꿈을 꿔 보기도 한다. 어쨌든 그런 다양한 모습의 네덜란드라 살아볼 만한 재미, 적어도 관찰하는 재미가 있다.

이 책은 생활인인 나의 개인적인 시선으로 바라본, 잘 알려 지지 않은 네덜란드 심층 탐구 결과물이다. 네덜란드에서 보 낸 시간이 쌓인 후에야 나는 단편적인 이해를 넘어 지금의 재 밌는 나라 네덜란드를 발견했다. 혼자 알기 아까운 네덜란드 이야기를 통해 독자분들이 우리에게 아직도 추상적인 네덜란 드를 조금 더 가까이 느끼기를 바란다.

4장 네덜란드의 집에서 살아가는 일

5장 먹다 보면 정드는 네덜란드 음식

(6장) 마약과 섹스 말고, 네덜란드 여행

1장

네덜란드 사람들은
왜 그럴까?

네덜란드 사람들은 어떻게 보면 평범하다. 돈을 벌고, 돈을 쓰고, 세금을 내고, 가족과 개인의 안녕을 추구하는 건 이들도 마찬가지다. 하지만 일찌감치 종교의 자유를 인정하고, 어린이의 교육을 의무화하고, 동성애와 안락사를 합법화하고, 마약을 일부 허용하는 나라가 세계적으로 보았을 때 평범하지는 않다. 이런 행보에 깔린 진보적인 성향은 '시커먼스' 분장을 한 즈와트피트(Zwarte Piet)*나 모로코 출신 이주민 2, 3세에 대한 편견을 생각하면 또 역설인 것도 같다. 네덜란드 사람들은 한마디로 정의하기 어렵다.

뼛속까지 개인주의자들이지만 길에서 누가 넘어지면 우르르 몰려와 도와준다. 더치페이라는 말이 글로벌화될 만큼 합리적인 소비를 하는 이성주의자들이지만, 손에 꼽는 네덜란드

---

* 즈와트피트는 네덜란드의 산타클로스인 신터클라스를 도와주는 캐릭터이다. 요즈음에는 인종차별 논란으로 즈와트피트의 얼굴이 까만 이유가 흑인이라서가 아니라 굴뚝을 타고 내려와 검정이 묻어서라고 내러티브가 바뀌는 추세이다. 인종차별이 아니라며 타인에게 모욕감을 줄 수 있는 새까만 화장에 빨간 입술, 금색 귀걸이를 한 분장을 꿋꿋이 고집하는 사람들도 있다.

출신 예술가들도 많고 국민은 기부도, 봉사 활동도 많이 한다. 들여다보면 괴짜도, 빈대도 많다. 어느 날은 내 SNS 피드에 글이 하나 떴다. 암스테르담의 명물 분홍 티팬티 롤러브레이드 할아버지가 세상을 떴다는 부고였다. 실제로 한두 번 본 적도 있는 그이는 알몸에 분홍 티팬티를 걸치고 롤러브레이드를 타고 도심을 활보했었다. 어느 파티 때 만난 사람은, 자기 일은 나라에서 주는 보조금으로 편하게 사는 거라며 자랑했다. 그러고는 자기 취미인 식사와 똥의 상관관계 분석에 관해 이야기를 시작했다. 반면에 암에 걸렸어도 목수 일을 하는 열심히 사는 사람이 있고, 아무리 여유가 있어도 매일 50분을 자전거를 타고 출근하는 사람도 있고, 더치페이라는 말이 쏙 들어가게 후하게 대접하는 동료도 있다. 이 사람들 모두가 나에게는 네덜란드의 삶의 방식을 이해하게 해주는 하나의 창이다.

결혼식 때 밥을 안 주는 나라

네덜란드 사람들은 돈에 인색한 짠돌이라고 여겨진다. 내가 봐온 네덜란드 사람들은 짜다기보다는 상상을 초월할 정도로 합리적인 소비생활을 한다. 그 합리의 기준이 나라 밖 사람들에게는 혀를 내두를 정도다. 관통하는 철학이 있다면 '과지출은 금기. 내가 빚진 것 혹은 내야 하는 것에만 쓴다'가 아닐까 싶다. 그리고 물건이든 무엇이든 그렇게 신중하게 산 이상 아주 아껴 쓰고, '나'를 위해 심사숙고해 돈을 쓴 만큼 선뜻 나누기 싫어한다. 17세기 무역으로 부자가 된 나라라 상인의 정신이 사고에 배서일 수도 있겠고, 칼뱅주의의 근면성실 금욕주의의 영향일 수도 있고, 나치 점령 시절 식량물의 공급이 끊겨 굶주려야 했던 가난한 시절을 겪어서일 수도 있겠다. 듣는 것만으로도 눈이 휘둥그레, 가슴이 벌렁벌렁, 입이 떡 벌어지는 안 쓰는 관습에 나도 모르게 동화된 경우가 있지만 스스로 제발 거기까지는 가지 말자 싶은 관습도 있다.

몸에 밴 절약형 살림법

집 안에서는 이렇다. 백이면 백, 네덜란드 가정에서 비눗물을 씻어 낸다는 개념이 없다. 프라이팬을 비눗물에 닦고 그냥 말린다. 아기도 비눗물에 목욕시키고 헹구지 않고 바로 닦는다. 비누칠하면 깨끗하다고 생각해서란다. 하지만 물을 절약하기 위해서 그런 것도 있다. 목욕도 사치라 여겨 많은 집이 샤워실만 갖추고 있다. 겨울에 난방은 17~19도에 맞추는데 난방비가 우리나라와는 다르게 상상을 못 하게 비싼 이유도 있다. 집 안에서 반팔을 입거나 속옷만 입고 돌아다니고 싶어도 그러지를 못한다. 그 와중에 윔 호프(Wim Hof)라는 네덜란드 사람은 차가운 물로 샤워하면 건강해진다고 하니 과장을 조금 보태 나중에는 뜨거운 물도 안 틀까 싶다. 그리고 불도 안 켜고 어둑하게 있는다. 한 번은 남의 집에 가서 자연스럽게 불을 켰었다. 너무 어두워서 갑갑해 나도 모르게 나온 행동이었다.

이사를 할 때는 바닥재, 전구, 커튼이며 블라인드 등 자기가 설치한 모든 것을 다 떼어 간다. 그래서 셋집을 구할 때 바닥재며 커튼까지 달아야 하는 경우까지 있다. 너무 황당해서 왜냐고 물어보면 "각자 취향이 다르니"란다. 전구까지 떼어가는 건 너무한 거 아닌가. 나는 세입자로 들어가면서 전에 살던 사람한테 가구를 사기도 해봤는데 조명은 다 떼져 있었다. 그래서 설치 기사가 와서 조명을 달기까지 한 달 내내 밤에 촛불

켜고 살았다. 왜 스탠딩 조명 생각은 못 했는지….

　네덜란드 사람들과 먹는 것에 관한 이야기를 하자면 끝이
없다. 병에 든 잼이나 겨자소스 같은 걸 싹싹 긁어내는 도구가
있는데, 이건 귀여운 수준이다. 숟가락이나 칼로는 도저히 닦
아낼 수 없는 마지막 한 방울까지! 아껴 먹는다. 요플레 뚜껑
안 포일에 붙은 걸 핥아먹는 것과 비슷할까? 얼마나 많은 사
람이 아까워했으면 그런 도구를 만들었을까? 있으면 진짜 요
긴한 도구이긴 하다. 보통 네덜란드에서는 따뜻한 음식은 하
루 한 끼, 나머지는 빵 한 조각에 치즈 한 장 혹은 햄같이 다른
토핑을 한 종류만 얹어 먹는다. 이렇게 조금 간단히 먹으니,
식비가 절감된다.
　한국에서 부모님이 오셨을 때 끼니마다 국하고 반찬을 여러
가지 하다 보니 몇 끼에 나눠 먹을 오징어며 고기거리가 한꺼
번에 다 쓰였었다. 반찬거리가 다 떨어져 내일은 뭘 먹지라는
생각이 들자, 네덜란드 사람들처럼 간단히 빵조각이나 먹는
게 진짜 편하고 말도 못 하게 절약이 되는구나 싶었다. 그리고
이곳 사람들은 애초에 집에 손님 초대를 자주 하지 않는다. 손
님은 먹고 갈 기대가 없고, 만약 먹을 게 없냐고 물으면 없다
는 답을 들을 것이다. 저녁 때까지 남아서 저녁도 얻어먹고 가
고 그런 문화가 아니다. 자기가 먹을 것만 딱 있는데 '왜?' 이
런 생각이다. 진짜 먼 곳에서 커피를 마시러 집에 온 친구가

하도 집에 안 가 '도대체 언제쯤 갈까, 곧 저녁 시간인데' 하는 생각을 한 적이 있는데, 내가 네덜란드 사람이랑 비슷해졌구나 싶었다. 그때 같이 있던 우리 엄마가 저녁을 먹고 가라자 대뜸 그러겠다고 하는 친구를 보며 참 부럽다는 생각이 들었더랬다. 운도 좋구나!

체면보다 합리 먼저

궁상맞아 보였는데 이제는 당연한 행동도 있다. 슈퍼에서 장 보고 따로 돈을 내 비닐봉지를 사지 않는다. 한 아름 장 본 걸 들고 집에 걸어온다. 보통 우유, 빵, 치즈 따위다. 처음에는 몇십 원 아낀다는 걸 광고하며 살림살이를 바리바리 가지고 가는 이 사람들이 참 얼굴도 두껍구나 싶었다. 그런데 이제는 에코백을 깜빡하거나 슈퍼가 코앞이면 왜 굳이 비닐봉지를 사야 할까 싶다. 남들이 그러니 내가 장 본 게 뭔지 보든 안 보든 상관이 없어졌다. 그래서 나도 우유며 빵을 바리바리 들고 간다. 들기 벅차 집에 도착할 때쯤이면 그깟 봉지 그냥 살 것을 하고 후회하게 되지만 말이다!

매일 먹는 물은 수돗물로 대체하고 식재료는 기다렸다가 할인할 때 많이 산다. 각종 소매점 할인 내용이 모두 실려 있는 주간 할인 신문을 눈에 불을 켜고 본다. 사실 할인은 네덜란드 사람들이 가장 좋아하는 단어가 아닐까 싶을 정도다. 라디오를 켜면 모든 채널에서 동시에 광고를 트는데, 대부분의 광고가 싸게 판다는 내용이다. 여행 상품, 영화표, 그리고 주로 생필품 할인 광고가 하이텐션 네덜란드어로 계속 나오면 귀에서 피가 날 정도라 공짜를 뜻하는 흐라티스(Gratis), 할인을 뜻하는 콜팅(Korting)은 배우고 싶지 않아도 머리에 주입된다. 전국 단위 슈퍼인 알버트하인에서는 햄스터른(햄스터 하기)이라는 말까지 만들었다. 볼이 미어지게 도토리를 챙기는 다람쥐처럼 햄스터도 그런가 보다. 아무튼 햄스터른은 세일 때 왕창 사둔다는 의미다. 사실 이것 때문에 필요하지 않은 소비를 더 하게 되는 건 공공연한 비밀이다. 주의점도 있다. 네덜란드의 몇몇 회사들은 소비자가 세일에 민감하다는 사실을 공략해 권장소비자가격을 높이 매기고 세일 때 50%까지 할인을 하는 방법으로 판다. 할인이 아니면 사지 말아야 할 정도다.

정이나 체면보다 합리적인 자세가 중요하게 느껴지는 때가 외식할 때다. 먹은 만큼 나눠 내는 바로 그 더치페이 때문이다. 식당에서 술을 시키면 비싼데 술을 안 먹는 사람도 그 돈을 내야 하나? 누구는 50유로 스테이크를 먹고 누구는 그 반값인 파스타를 먹었다면 왜 모두 다 같은 양의 돈을 내야 할까? 여기는 특별한 경우가 아니면 누가 쏜다는 개념이 별로 없기에 나눠 내도 먹은 것의 값만 합해 계산한다. 음료수 얼마, 식사 얼마, 더하면 얼마, 그러니 얼마! 친구들과 외식하러 갔을 때 계산기 없으면 곤란할 지경이다. 웨이터는 한 사람 한 사람 카드를 받아 그만큼 값만 계산해준다. 그게 정석이건만, 암스테르담의 한 음식점에서는 나눠 내면 안 된다는 규칙을 만들었다. 아마 주인장이 외국인이고 더치페이가 싫었나 보다. 손님들의 불평을 일부러 받겠다는 뜻이나 다름없다. 뭐 그래도 나눠 내는 방법은 여러 가지다. 나눠 내기용 앱도 있으니 말이다.

결혼식마저도 밥을 주는 손님, 식만 보고 가는 손님이 따로 있다. 정말 가까운 관계가 아니면 결혼식 와서 밥도 못 먹고 간다. 한 턱 내거나 쏘는 게 과지출이고 자기가 신세 질 것이 없으니 안 쏜다는 거다. 결혼식 때 음식을 먹는 팀에 초대받았느냐 아니냐로 그간의 친분 정도를 가늠할 수 있다니, 거 참, 그럴 바에야 좋은 날 다 접대하면 안 될까 싶지만. 결혼 자금을 커플이 직접 구해야 하고 케이터링이 비싸다는 걸 생각해보면 그런가 보다 싶다.

계획해서 쓰기

어느 날 매주 가는 채소 가게에서 생각지 않게 평소와 다른 채소며 과일을 사자 일주일 치 예산의 두 배를 쓰게 되었다. 더운 날씨에 즉흥적으로 산 멜론, 수박 따위가 주범이었다. 그러자 순간순간 기분따라 결정하는 게 돈이 더 많이 드는 일이구나 싶었다. 계획대로 외식하고 여행을 하면 지출 정도를 미리 알게 되고 그에 맞춰 조절할 수 있으니 말이다. 외식도 한 가족이 간단히 밖에서 먹으려면 갈 곳이 맥도날드밖에 없기도 하다. 특별한 날에만 레스토랑에 갈 수 있을 만큼 비싸다. 그래서 "대충 오늘은 밖에서 때우자" 이렇게 하고 싶어도 할 수가 없다. 커피 한잔 같이 먹으려 하면 자기 달력부터 펼쳐보고 3주 후쯤 시간이 있다고 하는, 내후년 휴가 계획까지 미리 세우는 네덜란드 사람들의 행동 속에는 그렇게 낭비를 싫어하는 태도도 반영되지 않았나 싶다.

그 외에도 계획 소비의 범주는 넓다. 선물은 예산에 맞추어 생일이나 결혼, 아기의 탄생 등 특별한 날에만 준다. 답례품, 서프라이즈, 기프티콘 이런 거 없다. 예산도 보통 20~30유로 안이다. 내가 만든 받고 싶은 선물 리스트와 그 피드백은 이랬다. 정말 읽고 싶었던 책은 10유로 정도라 '예산에 비해 너무 저렴해' 받지 못했다. 아기 돌잔치 선물은 70유로 정도였는데 '너무 비싸 형평성에 어긋나' 받지 못했다. 예산에 비해 싸도, 비싸도 안 되는 거다. 어린 조카 선물 리스트에 5유로짜리 색칠 공부 그림책이 있어서 더 해주고 싶은 마음에 다른 것도 샀는데 이미 가지고 있던 거였다. 역시 다들 하는 대로 따라 하는 게 제일 쉽다 싶다.

또 뭐가 있을까. 럭셔리 브랜드의 본고장인 유럽 사람들의 검소함은 유명할 텐데, 실제로 물건을 한번 사면 오래 쓴다. 어찌 그리 살뜰히 쓰는지 30년은 된 물건이 오래되어 보이지도 않는다. 럭셔리 브랜드 의류에는 별 관심이 없다. 한번은 회사에 소위 명품 캐리어를 가지고 온 동료가 엘리베이터 앞에서 가방에 꽂히는 시선에 부끄러워하며 변명을 하는 모습도 봤다. 차나 가구는 독일제며 브랜드를 따지는데 옷만큼은 추레한 것이, 남편은 한국에만 오면 사람들이 옷을 잘 입는다 한다. 그리고 요새 가족 행사를 치르며 느낀 건데 포토숏 개념이 없다. 사진사는 결혼식 때나 오고, 스튜디오를 통해 찍는 취미성 혹은 기념사진은 드물다. 백일, 돌잔치, 가족사진, 바디프로필 등 말이다.

자료를 보니 네덜란드 사람들의 저축률은 유럽에서는 높은 편에 속하지만 우리나라랑 비슷한 수준이다. 지출률도 비슷하다.[2] 이렇게 보면 네덜란드 사람들이 썩 덜 쓰고 더 모으고 하는 건 아니다. 그렇다면 이 합리주의자들은 어디에 돈을 쓸까? 우선 온갖 세금에 쓴다. 일반 샐러리맨 수익의 반이 세금으로 떼지고, 가지고 있는 모든 자산에 세금을 내고 또 낸다. 숨 쉬는 것도 세금이라고 느껴질 정도다. 그리고 세금이 또 높다. 상대적으로 적다고 느껴지는 것은 상속세가 유일하다. 낮게는 10%에 불과한 것이[3] 아마 떠날 때 가진 것 없이 대부분 다 쓰고 가서 그런 건 아닐까 싶기도 하다. 모으기 힘들다 보니 자식한테 무엇을 남겨주고 할 생각들이 없다.

보험에도 돈이 든다. 우선 의무로 가입해야 하는 의료보험이 비싸다. 그리고 온갖 보험이 다 있다. 누가 축구공 차서 유

리 깨질 때, 와인 엎질렀을 때, 가구가 망가졌을 때 보험금을
탈 수 있다! 또 집 보수와 리모델링에 돈이 많이 들어간다. 대
출을 받아 확장 공사를 할 정도다. 집이라는 공간에 아주 진
심인 사람들이라 확장 공사며 정원 업그레이드, 옥탑 개조 등
꾸준히 주거 공간을 업그레이드하는데 이게 용역이 들어가는
일이라 아주 비싸다. 그리고 휴가. 가족들이 해외로 휴가를 많
이 간다. 4~5인 가족이 패키지 개념 없이 미국 일주를 하거나
오스트리아로 스키 여행을 떠나곤 하니, 돈이 많이 들 수밖에
없다.

소비 패턴을 보면 결국 네덜란드 사람들의 개인주의가 보인
다. 나와 내 가족 먼저 누리고, 나에게 기쁨을 주는 사소한 것
(와인이나 해외 기부 등)이 그다음, 그리고 주변을 돌아본다. 사
실 사회를 위해 이렇게 세금을 많이 내면 타인을 위해 더 해주
고 싶은 마음도 별로 안 생길 것 같다. 합리를 신성시하는 개
인주의자인 이들은 '알아서 잘해야지' 할 망정 자기가 빚지지
않은 돈은 절대 내지 않고, 누가 나에게 빚을 진다면 10원이라
도 돌려받는다. 참 대단한 나라다!

기대하지 않고 잘 사는 방법

우리나라는 정이 많다. 챙겨주고, 기억해주고, 얘기하지 않아도 마음을 알아차려주는 가족이나 친구, 혹은 직장 사람들이 있다면 마음이 풍족해질 것이다. 그래서 받는 사람은 고맙고, 더 잘해주고 싶고, 서로서로 돕다 보면 다 선한 마음으로 상대를 배려하는 사회를 만드는 게 아닌가 싶다. 그런데 만약에 이런다면 어떨 것 같은가?

식사 후 계산은 소수점까지 맞춰 공평히 나누기. 부모님 포함 가족과 같이 간 여행 경비는 여행 후 영수증과 함께 정산하기. 누가 저녁에 갑자기 초대하면 너무 갑자기니까 일정이 없어도 가지 않기. 누가 저녁에 초대해서 아주 푸짐하게 잘 먹었어도, 그건 그거고 다시 초대해야 한다는 생각 하지 않기. 커피나 차 마시자고 초대를 받아서 시간이 지나 저녁 때가 넘어도 초대한 사람이랑 밥을 같이 먹는다는 생각은 하지 않기. 자식들이나 부모님께 용돈 안 주기. 결혼식 비용은 본인이 알아서 하기. 부모님이 연세가 드셔서 독립생활 하기 힘드시면 요양원 알아봐 드리기.

네덜란드식 인생관이 드러나는 행동들이다. 처음에는 많이 낯설었다. 우리 문화의 관점에서 보면 정 떨어지고, 인색해 보이고, 더 나아가 '어쩌면 그렇게 이기적이냐'고 느껴질 수 있을 것 같다. 하지만 살다 보니 이런 행동들이 얼마나 마음을 편하게 하는지도 알게 되었다. 기대를 덜 하니 감정적인 소모도 적다고 해야 할까? 그리고 나에게 주어지는 기대도 적다. 예를 들어, 계산을 나눠서 하니 마음의 빚이 없다. 그리고 내가 더 냈다는 심보가 생기지도 않는다. 일상의 규칙과 리듬이 갑작스러운 초대나 사교보다 중요해지니 더 안정적인 생활을 할 수 있다. 내 기대에 다른 사람이 부응할 이유가 없다는 것을 받아들이게 된다. 독립적이고 개인적인 인생관은 일반적으로 서양 사회 문화이니 부모의 입장에서도 자식에게 부담을 주지 않고 따로 사는 게 더 편하다.

네덜란드 사람들이 그렇다고 서로 덜 사랑하거나 정이 없는 것은 아니다. 그냥 그 방법이 다른 것 같다. 바라는 것과 아끼는 마음은 엄연히 다름을 알게 된다. 계산이 확실하고 마음도 차가울 것 같은 네덜란드 사람도 은근히 정이 있다. 매해 1월에 달력을 사서 누구의 생일이 언제인지 메모하고 손수 카드를 적어 준다든지, 사진을 출력해 액자로 만든다든지, 남의 결혼기념일을 살뜰히 챙겨 축하해주기도 하는 사람들이다. 동네 이웃들도 얼굴하고 이름도 잘 모르는 사이인데 우리 아이의 탄생을 축하한다며 선물과 카드를 보내주었다. 상점 사람들과 안면이 트이면 잡담도 가능하다. 특히 대도시를 벗어나면 지나가는 사람끼리 얼굴 보고 인사를 하는 게 참 좋다. 공원이나 산에서 마주쳐도 인사한다. 무표정, 무덤덤, 자신만의 세상에 살지 않고 이웃이 이웃이라는 게 느껴진달까. 난 아직도 인사가 입 밖으로 잘 안 나온다. 최대한 노력하는 편이다. 어느 날은 용기를 내어 길을 가다 눈이 맞은 할머니께 "후드미다(Goedemiddag, 낮에 하는 인사)" 인사를 건넸는데 그분도 나를 따라 낮 인사를 했다. 그리고 둘 다 "아 이제 저녁이니 후드아본드(Goedenavond)구나!" 이러면서 웃었던 기억이 있다. 그리고 길에서 문제가 생기면 선뜻 다가와 도움의 손을 내민다. 좁은 공용주차장에 차가 끼어 옴짝달싹도 못 할 때 지나가던 할머니의 도움으로 간신히 빠져나온 경험도 있고 출근길에 자전거를 타다가 추돌사고로 팔을 다쳤을 때는 지나가던 쓰레기차 아저씨들의 도움으로 쓰레기차를 타고 응급실까지 갔었다. 이런 건 서로 기대하기 때문에 하는 행동이라기보다 좀 더 소박하고, 같이 사는 사회라는 마음이 있는, 그런 '챙김' 아닐까? 없이도 행복하고, 기대하지 않아서 행복하다는 말이 어쩐지 네덜란드 사람들에게 어울리는 것 같다.

생일을 종교처럼

네덜란드에서는 개인의 개성과 생각, 삶의 방식을 존중하는 게 아주 중요하다. 그래서 그만큼 한 인간이 태어난 생일을 기념하는 방식도 우리 기준으로는 아주 까다롭다. 생일 축하하는 게 그냥 축하한다고 하면 되는 게 아니더라!

우선 가족, 가까운 친구의 생일을 달력에 적어 생일 축하를 꼭 챙겨야 한다. 내 이웃은 화장실 달력에 생일을 적어 (볼일 볼 때마다) 기억하고 날짜에 맞춰 축하를 해준다. 우리는 핸드폰 달력을 쓴다. 생일이면 특별히 만나지 않더라도 편지를 보내거나 전화를 걸어 축하를 해준다. 생일은 그만큼 꼭 기억하고 축하해주어야 한다.

그리고 생일은 미리 축하하지 않는다. 나중에 축하하는 것은 된다. 우리나라는 생일에 딱 맞추어 축하해야 한다는 생각은 하지 않는다. 가끔 그 전주에 모여 축하 파티를 하기도 하고 만약 생일날 보지 못한다면 생일 카드랑 선물을 미리 주기도 한다. 하지만 네덜란드에서는 미리 축하하면 부정 탄다고 생각한다. 생일 축하를 미리 하면 생일까지 못 산다는 미신 때문이라나.

네덜란드에서 크리스마스보다 갖은 의식이 더 많은 게 생일이다. 생일 축하에 진심이다 보니 그러면 서로 생일파티를 열어줄까 싶지만, 짠돌이 네덜란드 사람들에게는 어림없는 일이다. 생일파티는 생일인 사람이 주로 집에서 연다. 최소 2주 전 초대를 하고, 생일 선물은 무엇을 받고 싶은지 미리 리스트를 적어 보낸다. 보통 30유로 이하의 작은 아이템을 적어 보내야 한다. 책이나 주방용품같이 소소한 선물이 보통 리스트를 채운다. 이 리스트가 없으면 모두 "선물은 뭐 받고 싶어" 하며 물어 온다. 필요한 것을 알려준다면, 돈을 허투루 쓸 위험을 줄이며, 기대치에 맞는 것을 줄 수 있으니까. 돈은 돈대로 쓰고, 기뻐하지 않을 선물을 준다면 그만큼 낭비도 없다는 생각이다. 그리고 생일파티를 하지 않으면 생일 선물은 기대하지 않는다.

파티 당일에 초대되었다면 당사자뿐만 아니라 초대받은 모든 사람에게도 축하를 건넨다. 축하한다는 의미의 네덜란드어 'Gefeliciteerd(흐펠리시티어드)'라는 말이 마치 '안녕하세요'가 된 듯, 파티에서 만나는 모든 사람에게 "축하해요" 하고 인사한다. 생일 당사자가 누구인지 몰라서도 아니고 당사자가 옆에 있든 없든 축하한다고 이야기한다. 왜일까? 생일을 맞은 당사자와의 관계가 그만큼 중요하다고 바라보는 데서 나온 풍습은 아닐까 싶다. 첫돌을 맞이한 아기의 생일날, 부모로서 고생했다는 말을 전해 듣는 것처럼. 아이가 서른 살, 예순 살이 되어도 부모는 축하받을 만하다. 그러자니 그의 형제, 자매, 친인척, 친구도 다 같이 축하받을 만하다는 것도 이해가 간다.

케이크를 자를 때가 오면 귀에 익숙한 "생일 축하합니다~ 생일 축하합니다~ 사랑하는 누구의 생일 축하합니다~" 노래 외에도 오래 살기를 기원하는 노래가 릴레이로 연달아 불린다. 마지막으로 우리나라로 치면 '만세!'인 "후하!(Hoera, 영어의 Hurray)"를 외치며 두 팔을 번쩍 든다. 그러고 나면 케이크의 촛불을 후 불어 끌 수 있다. 케이크를 한 조각씩 먹고 나면 드디어 선물을 열어볼 차례다. 한 사람씩 자기가 마련한 선물과 카드를 생일 당사자에게 준다. 그러면 받는 즉시 마음이 담겼을 카드를 먼저, 그러고 나서 선물의 포장을 열어본다. 커피와 케이크를 먹고 만약 파티가 좀 길어진다면 한 시간쯤 후에 간단한 요깃거리를 준비한다. 수프나 비스킷과 치즈 같은 주전부리가 나오고 같이 먹을 와인도 내온다. 한꺼번에 다 내지 않고 케이크와 그 외 요깃거리를 따로따로 준비한다.

직장에 다닌다면, 자기 생일날 직접 케이크를 직장으로 가져간다. 한국에서 회사 다닐 때처럼 챙겨준다고 서로 케이크 사주고 하는 정은 없다. 아침에 출근하자마자가 아니라, 커피가 궁금해지는 10시쯤이나 점심을 먹고 난 오후 2시쯤, 공용 공간에 케이크와 그릇, 포크를 세팅해두고, 동료들에게 '나 생일이야~ 케이크 가져왔으니 맛있게 먹어~'라고 이메일을 돌린다. 그러면 동료들이 차례차례 와서 생일 축하한다고 악수하거나 뺨에 뽀뽀를 하는 네덜란드식 인사를 하고, 케이크를 가져가 각자 자기 자리에서 먹고 싶을 때 먹으며 일한다. 처음에는 이렇게 케이크를 직접 가져가는 문화가 이상했지만, 이제는 뭐가 한국 관습이고 뭐가 네덜란드 관습이었는지 헷갈리기도 한다. 자기 생일날 한턱내는 건 또 우리 문화지 않은가. 그리고 직접 케이크를 가져가면 케이크를 못 받아 서운할 일이 없다는 장점도 있다.

레스토랑에 생일이라고 미리 말해두면 식사 후에 이벤트를 기대해볼 수도 있다. 짠돌이 나라지만 생일만큼은 특별한 것인가. 디저트 코스로 넘어갈 때쯤 직원이 초콜릿으로 축하 메시지를 적은 접시와 타닥타닥 타는 작은 폭죽 스틱을 호일 뭉치에 꽂아 가져온다. 그 요란한 광경에 식당에 있는 모두가 고개를 돌려 생일의 주인공이 누구인가 바라본다. 생일뿐 아니라 결혼기념일 같은 날에도 레스토랑에 얘기를 해두면 초콜릿 문구와 폭죽을 멋지게 가져오니, 누군가를 위한 서프라이즈로 준비하기 좋다. 사실 이렇게 초콜릿 문구를 받으면 커피 한잔이라도 더 마시게 된다.

요새는 회사들도 고객 생일을 챙겨줘야 한다. 네덜란드에도 국민브랜드가 몇 개 있다. 다이소처럼 여러 가지 물건을 저렴하게 파는 헤마(HEMA), 네덜란드 항공사 KLM, 필립스 정도가 떠오른다. 국민이 망하지 않기를 응원하는 회사들이라 해야 할까? 한번은 이 세 회사에서 생일을 축하한다며 이메일로 선물을 보내왔다. 구두쇠 나라에서 생일이라고 공짜 선물을 주다니 새삼 네덜란드 오래 살고 볼 일이라는 생각이 들었다. 역시 이 나라는 생일만큼에는 진심이다. 국민 브랜드라 소비자와의 유대감을 더 챙기나 싶기도 하고.

헤마에서는 조각 케이크 톰푸스를 공짜로 준다. 조각 케이크 하나 받으러 상점까지 가기 귀찮아 넘기려는데, 이 이야기를 들은 네덜란드 남편이 "뭐~~~~ 공짜 톰푸스!!!? 그래서 헤마가 코로나 때 부도난 거 아냐?"라고 상상치 못한 반응을 해온다. 아무래도 공짜, 그것도 좋아하는 케이크 톰푸스를 준다니 믿을 수 없나 보다. 그래서 난 비 오는 날 우산을 들고 유모차를 끌고 생일 케이크를 받으러 나갔더랬다.

그렇게 노력하지 않아도 돼

네덜란드에 살면서 가끔 정말로 왜 그렇게 열심히 살았나 싶을 때가 있다. 황당하고 어이없게도 이렇게 쉬운 걸 왜 힘들게 하고 살았을까 싶은 생각이 들 때가 그렇다. 내가 생활 속에서 느낀 쉽게 사는 네덜란드는 이렇다.

우선 빨래가 정말 빨리 마른다. 여름에는 반나절, 습기 많고 비가 많이 오는 겨울에도 하루 반이면 빨래가 다 마른다. 그래서 건조기도 거의 안 쓴다. 이불도 싹 말라버린다. 쉰 냄새도 없이. 나무랑 벽돌로 지어진 집이라 그런 걸까?

분리수거도 그렇다. 암스테르담 시청에서 편지를 받았는데, 플라스틱 분리수거 통을 없앤다는 내용이었다. 플라스틱을 재활용하지 않는다는 건 줄 알고 황당했는데, 알고 보니 쓰레기 처리장에서 더 효율적으로 해결할 테니 개인이 분리수거를 할 필요가 없다는 내용이었다. 종이, 유리 말고는 이제 분리수거를 안 해도 된다.

식칼을 잘 쓰는 남편을 만나기 전, 혼자 장 보고 밥해 먹을 때 편했던 게, 슈퍼에서 다 세척되어 썰어진 채소를 사서 봉지만 뜯어 익히기만 하면 된다는 점이었다. 예를 들어 당근하고 양파가 채 쳐져 들어 있는 봉투는 거의 항상 세일 중이라 1유로면 샀다. 원래는 네덜란드 사람들이 좋아하는 홋스폿(Hutspot)을 만들 때 쓰이지만 난 그냥 볶아서 잡채 같은 한국음식 하는 데 써먹었다. 샐러드도 미리 만들어져 있고, 아니면 밀키트를 사 먹으면 된다.

피부 관리. 우리나라의 아침저녁 피부 관리 습관이 세계에서 가장 길다고들 한다. 아마 네덜란드 사람들은 그 반대일 거다. 마스크팩은커녕 토너도 구하기 힘들다. 잘하면 딱 낮 크림, 밤 크림 두 개 쓰면서 산다.

키 크는 것도 정말, 다 떠나서 유전이 우선이라는 생각이 든다. 뭘 먹고 자라든 상관이 없다. 남자는 평균 키가 183.8센티미터, 여자는 평균 키가 170.7센티미터인[4] 네덜란드 사람들이 아침 점심으로 빵만 먹는 걸 보면 그렇다.

어디 나갈 때도 그렇다. 그냥 자전거 타고 휙 떠나면 된다. 최적의 루트 검색, 지도 검색도 필요 없다.

영어도 마찬가지다. 거의 모든 사람이 영어가 유창한 네덜란드에서, 특별히 영어 사교육에 돈을 쓰는 사람은 없다. 어린 시절 더빙이 안 된 TV를 보면서 자연스레 원어민 발음까지 익히는 게 이곳의 영어 교육이라면 교육이다.

무엇보다 공부. 진짜 공부하는 게 목적이 아닌 이상 열심히 공부할 필요가 없다. 결국 학교를 졸업해 어떤 직업을 가지든 대부분 다 비슷하게 살기 때문이다.

취직해서도 그렇다. 휴가 갈 것 다 가고 무급휴가도 쓰고 정시 퇴근해도 돈은 똑같이 번다. "왜 초과근무를 해. 내 시간당 급여를 깎아먹는 일인데"라는 말도 들릴 정도로 이곳 사람들은 딱 계약한 시간에만 일한다.

'Work smart, not hard'라는 표현이 와닿는다. 이렇게 쉽게 사는 게 가능한 이유는 여러 가지다. 문화이기도 하고, 복지 사회의 구조 때문이기도 하고, 기술 때문이기도 하다. 세상 누가 빨래를 빨리 말리고 싶어 하지 않을까. 누가 키가 더 크고 싶지 않을까. 누군들 영어 사교육에 돈이며 시간을 쓰고 싶을까. 칼퇴근하기 싫은 회사원이 어디 있을까. 생각해보면 '열심히'의 기준도 우리나라와는 다른 것 같다. 사당오락 소리를 들으면서 자란 나는 그 정도의 뼈를 깎는 노력이 아니면 너무 쉽다고 느끼는지도 모른다. 만약 네덜란드에서 팽팽 놀며 학창시절을 보내고 진로를 결정했다면 나의 삶은 어떻게 변했을까? 통근 시간에 쓰였던 하루 세 시간은 어디에 쓰였을까? 내가 한국에 살던 시절 누군가 '그렇게 노력하지 않아도 돼. 세상 어딘가에는 그런 노력을 하지 않아도 되는 곳도 있어'라고 말해주었으면 어땠을까 상상해본다. 하지만 빨래가 빨리 말라도 밀린 청소에 치여 주말의 반나절을 보내는 내 하루를 돌아

보니 '쉽게' 산다고 시간이 더 많아지거나 스트레스가 덜한 건
아닌가 싶기도 하다.

시간은 왜 금일까

네덜란드에 온 여러 외국인이 문화적 차이로 자주 이야기하는 게, 네덜란드에서는 모든 사람이 항상 약속을 미리 정해 기분 따라 그날그날 가볍게 만날 수 없다는 점이다. 같이 커피 한잔하거나 맥주라도 마시려면 최소 2주 전에는 언제 시간이 되는지 물어봐야 한다. 같이 저녁을 먹거나 생일파티 같은 것에 초대할 때 너무 늦게 초대하면 무례하게 본다. 약속 잡자고 하면 "Agenda kijken(아헨다 카이큰)…"이라는 소리를 자주 들을 텐데 스케줄을 보고 있다는 뜻이다. 이제는 나도 네덜란드 사람들처럼 미리미리 약속을 잡아 한 달간 주말 계획이 다 채워져 있는 게 오히려 마음이 편하다.

이 사람들에게는 돈처럼, 시간도 자원이라는 마음가짐이 있는 것 같다. 우선 체계적이고 효율적으로 시간 관리를 한다. 예를 들어 퇴근 일찍 하려고 일하면서 밥 먹는 습관이 있고, 달력에 일정을 적어 약속이 겹치지 않게 하고 무슨 일이 언제 다가올지 미리 파악해둔다. 상호 간 시간 관리는 깔끔하다. 약속 시간이 6시면 딱 6시에 맞춰 오는 게 예의에 맞다.

커뮤니케이션 스타일에 있어서 네덜란드는 우리나라와는 스펙트럼의 정반대에 있는 나라다.[5] 네덜란드의 직설적인 언어 습관은 상대방의 저의가 무엇인가 추측하지 않아도 되어서 시간낭비가 적다. 우리나라에선 매끄럽게 거절하거나 체면을 차리거나 차려주는 방법으로 의사를 전달해야 좋은 것이라면 네덜란드는 거절해야 할 상황이 오면 그냥 거절해야 예의가 바른 것이다. 사회적으로 봐도 그렇다. 다른 유럽 나라에 비해 덜 관료적이고, 응대하는 사람들도 솔직, 간단하게 대답하는 편이다. 공공 웹사이트들도 기능 위주로 구성되어서 아주 단순해, 하고자 하는 일을 일사천리로 해결할 수 있다. 인터넷 뱅킹이나 공인인증도 이만큼 간단한 나라는 경험하지 못한 것 같다.

가장 흥미로운 것은 가족을 비롯해 타인에게 시간을 쓰는 부분이다. 예를 들어 가족이나 누군가를 위해 요리하고 설거지하는 경우를 생각해본다. 네덜란드에서는 냉동실에 슈퍼에서 산 빵을 넣어두고 아침에 하나씩 꺼내서 해동이 미처 안 돼 반쯤 언 빵을 그대로 먹는 가족들이 많다. 점심 도시락 정도는 아이들이 직접 준비한다. 가족이라도 시간 분배는 딱 필요한 만큼만. 혹은 무엇을 먹느냐에 있어서는 최악이 아니면 된다.

네덜란드 사람들은 그렇게 시간을 아껴 궁극적으로 뭘 하려는 걸까? 내가 보기에는 그냥 자유 시간으로 남겨두는 것 같다. 자신을 위한 여유라고나 할까. 원하는 책을 읽거나, 가족과 같이 밥을 먹거나, 취미 활동을 하거나, 일을 하거나, 애들하고 같이 빵을 굽거나, 그냥 좀 자투리 시간을 두는 것이다. 그리고 그 시간을 통해 얻는 것은 느긋한 마음이다. 남는 시간에 무엇을 더 공부하거나 일을 해서 돈을 더 번다는 생각은 없다. 네덜란드에서도 그렇게 치열하게 살면 더 많은 것을 쟁취(?)할 수도 있겠지만, 복지가 잘 되어 있으니 그럴 필요가 없다. 이렇게 그냥 남는 시간을 두고 적당히 살려는 '사치'를 누리기 위해서는 그만큼 시간을 잘 나누어 써야 하는 건 아닌가 생각해본다.

뭘 잘 부탁드려요?

10년도 더 묵은 장롱면허를 되살린 것은 암스테르담 근교인 나르던(Naarden, 현지 발음으로 나아든에 가깝다)*으로 이사를 가면서였다. 회사에 가자니 대중교통으로는 1시간이나 걸리는데, 차로는 20분인 거다. 자전거로는 1시간 5분이라 '이쯤이야' 하며 자전거를 타는 사람도, 하다못해 뛰어가는 사람도 있다. 나는 회사까지 땀 내며 통근하고 싶지 않으니 평생 미룰 것 같았던 운전대 잡는 일을 드디어 하게 되었다. 한국 운전면허증은 별다른 절차 없이 한 60유로 정도로 네덜란드 면허증으로 바꾸어준다. 내가 있는 동안 절차가 더 좋아져서 한국 면허증도 돌려받았다. 그런데 어떤 나라(사실 대부분의 나라)의 사람은 이런 혜택이 없어 네덜란드에서 필기, 실기, 연수까지 과정을 밟아야 했는데 그게 한 5,000유로가 들었단다. 한국 사람이라 돈 벌었다.

---

* 네덜란드 지명의 한글 표기는 구글지도를 기준으로 삼았다. 네덜란드에서 장소를 검색할 때 용이할 것 같아서다. 종종 그 표기가 현지 발음과 너무 차이가 난다면, 길을 물어볼 때에 도움이 되도록 현지 발음을 부연했다.

어찌 되었든, 어떻게 운전하는지도 가물가물해 일단 연수를 받기로 했다. 열 번의 연수를 채우고 차를 몰고 다니다가 어느 날은 차 뒷유리에 초보운전 딱지를 붙이면 어떨까 싶어서 남편한테 이야기했다.

남편: 왜?

나: 내가 초보라고 알리면 다들 예의 주시하지 않을까? 내 주변을 조심해서 운전하지 않을까? 내가 실수해도 좀 아량 있게 넘어가주지 않을까?

그렇게 말하는 와중에 감이 왔다. 그리고 남편의 대답은 내 마음에 떠오른 말과 같았다.

남편: 그런 건 네가 알아서 조심해야지.

나: 한국에서는 초보운전 딱지 붙이고 다니는데… 그게 '잘 부탁합니다'라는 의미거든.

그렇게 말하며 또 머릿속에 떠오른 생각. '뭘 잘 부탁한다는 거지?' 그리고 남편의 확인.

남편: 그건 한국에서 통하는 거구.

그러고 보니 신기했다. 우리가 흔히 인사말로 하는 '잘 부탁드려요'가 얼마나 우리 정서에서 우러나온 말인지 그동안 생각해본 적이 없다. 영어나 네덜란드어로 번역도 어렵다. 네덜란드에서 아무리 사소한 것이라도 선물을 주면서 누군가한테 "잘 부탁드려요" 하는 건, 정말 이상하게 보일 것이란 생각이 들었다. 아부나 아첨 아닌가? 뭐랄까, 합리주의 사회다 보니 개인이 잘하면 잘하는 거고, 다른 사람이 그걸 부탁받고 인정해 줄 일은 아닌 것이다. 예를 들어 회사에 처음 출근한 날 '잘 부탁한다'는 건, 개인의 능력에 대한 부정이자, 타인의 인정에 대한 이유 없는 과도한 기대, 그리고 그 타인의 인정이 필요하다는 걸 함의한 것처럼 들릴 수 있을 것이다. 차를 운전하는 것도, 나는 내 앞길 조심하고, 다른 사람도 자기 앞길 조심해야지, 다른 사람들에게 '내가 초보니 좀 봐주세요, 조심해주세요' 하는 건 타인에 대한 기대이자 불합리한 요구처럼 들릴 수 있겠구나 싶었다. 알아서(독립적으로), 잘(자신감 있게) 해야지, 다른 사람의 양해를 구할 일은 아니다. 각자의 인생인 걸 내 앞길이나 잘 챙기자, 누가 날 더 봐줄 거라 생각하지 말자, 이런 가치관이 초보운전 딱지에 관한 대화에서 느껴졌다.

합리주의는 얄짤이 없는 걸까, 공평한 걸까? 우리나라의 표현이 종종 영어로 번역하기가 힘든 이유도 이런 문화 차이에 있는 것 같다. 운전 연수를 받을 때에도 진절머리 날 정도로 합리적인 네덜란드 교통법규에 대해 잘 알게 되었다. 남편이 도로 위 우선권에 관해 이야기할 때는, '아 그냥 상식에 맞춰 양보하면 되는 걸 왜 우선권에 대해 그렇게 강조하냐'고 했는데, 선생님도 이 우선권에 대해 엄청나게 강조하더라. 사거리나 로터리, 자전거 도로와 맞닿는 도로가 많다 보니 특히나 더 누가 먼저 출발하는지, 기다려야 하는지 규칙이 정확하다. 그리고 모든 상황에 대비한 규칙들이 있다. 이 규칙을 다 알고, 연습하고, 거기에 면허 시험 보기 전 연수 시간도 최소 30시간이라니, 네덜란드 도로에 나오는 사람들은 초보가 아니겠구나 싶었다.

미팅 내용을 정하기 위해
미팅을 하는 나라

네덜란드에서 살면서 영국, 독일, 네덜란드 회사에 다녀봤다. 네덜란드 회사에 다닐 때는 아무리 외국인이 많아도 고위직은 모두 네덜란드 사람이었고 네덜란드 문화가 사내 문화에 많이 스며들어 있었다. 네덜란드의 회사에는 격식이 없다. 인터뷰에서도 '나'를 드러내는 것이 중요하고, 개인적인 친밀감을 형성하고, 농담도 조금 하고 이런 식이다. 보일 듯 안 보일 듯 상사에 대한 충성과 정치의 정글이 존재하지만, 이 나라의 평평한 땅처럼, 대부분의 관계는 상명하복하는 수직 체계가 아니라, 팀장이라면 팀장으로, 팀원이라면 팀원으로 제 자리에서 제 역할을 하는 동등한 관계이다. 더 깊이 알아갈수록 네덜란드의 직장 문화는 참 우리와 다르다.

빨리빨리보다 천천히

일을 빨리 잘하는 건 소용이 없다. 그럴수록 일만 더 늘어난다. 멀티 태스킹을 할수록, '그 사람은 얕게 너무 많은 일을 하려고 한다'는 말을 듣게 된다. 많은 일을 완벽하게, 빠르게 처리할 수 있는 건 사람인 이상 권하지도 않고 믿지도 않는 게 이곳 사람들의 생각인 것 같다. 복지도 잘 되어 있고, 경쟁도 덜하니 헝그리 정신이 없어서 그런지, 우리처럼 빨리 어딘가에 도달할 필요가 없는 게 네덜란드의 문화다. 이들은 일을 잘한 다는 것에 대한 관점이 다르다. 기계처럼 쉬지 않고 일을 '처치'하는 게 덕목이 아니라 한 발짝 물러서서 '왜'라고 물어보는 게 중요하다. '발코니 모멘트(Balcony moment)'라는 표현도 네덜란드 상사한테서 처음 들었다. 한창인 파티장의 발코니에 나가 서서 파티를 밖에서 바라보며 순간에 치이지 않도록 자신만의 관점을 회복하고 큰 그림을 보라는 취지에서 나온 표현이다. 주어진 문제나 업무에 냅다 뛰어들어 고전하기보다도 왜 그 일을 해야 하는지, 다른 일보다 더 중요한 이유가 있는지, 목적과 근본을 확실히 하는 것이 일을 잘하는 것이다. 그래야 결과에 의미가 있으니까. 빨리할 수 있는 일을 느리게 한다면 어떨까. 느리게 할수록 문제의 본질에 가까워질 생각과 시간의 여유가 생긴다.

미팅에 미팅에 미팅, 하루 종일 미팅

내 회사 달력은 바쁠 때는 30분 단위 미팅으로 8시부터 5시까지 꽉 찼었다. 이런 백투백(Back-to-back) 미팅은 화장실도 못 가게 하기 때문에 직장에서의 하루가 끝나면 유체 이탈의 지경에 이른다. 미팅마다 만나는 사람도 다르고 주제도 다르고, 긴장을 늦출 수 없기 때문이다. 새삼 일하면서 샌드위치로 점심을 때우는 직장 상사나 동료들이 이해됐다. 미팅이 끝나고 다음 미팅에 늦었는데 화장실에 가야 할 경우, 사내 메신저로 바이오 브레이크(Bio break)가 필요하다는 말까지 하면서 양해를 구했다. 이렇게 몰아치는 미팅은, 보통 진짜 중요한 내용이지만 가끔은 '정말 이런 것까지 미팅해야 하나' 싶은 경우도 있다. 한번은 모 미팅의 참여가 저조해 그 미팅의 내용을 고찰해보는 미팅에 초대되기도 했다. (난 핑계를 대고 가지 않았지만.)

이렇게 미팅을 통한 의견 수렴에 시간을 들이고 결정에 신중한 문화는 사실 네덜란드의 지리적 취약점 때문에 나왔다는 분석도 있다. 해수면보다 낮은 땅 때문에 물의 범람이 잦아 수로를 만들고 방둑을 만들어야 했던 게 네덜란드의 조상들이다. 그러자니 모든 마을 사람의 동의와 협조가 필요했고, 누가 독선적으로 일을 처리할 수가 없었다. 회의에 회의를 더하고, 또 회의에 회의를 더해서 모두가 만족하는 방법을 찾아내는 것이 가장 안전하고 현명했다. 네덜란드가 정부를 수립하는 과정도 이와 비슷하다. 서로 다른 색깔의 수십 개 당이 서로서로 미팅을 거쳐 협상하고 동의하는 과정을 거쳐야만 과반수 의석이 만들어지고, 그렇게 과반수 의석을 만든 다수당이 정부가 된다. 때로는 너무나 비효율적이고, 느리고, 답답한 문화라고 생각해도 결국 일은 서로의 기대를 조율하는 과정이다.

대신 미팅을 더 효율적으로 만들 방법이 있다면, 나아가 미팅이 없어도 될 이유를 만든다면 직장에서 인기를 끌 것이다. 릴레이 미팅이 고역인 것은 이곳 사람들에게도 마찬가지니까.

의견이 없는 것보다 의견을 가지고 대립하는 게 좋다

자신의 의견에 대한 확고함과 관철도 중요하다. 영어로는 'Assertive'라는 표현이 적절하다. 솔직하고 거래에 능숙한 네덜란드 사람들은 자기 할 말을 하고 원하는 것을 얻어내는 데 아주 능숙하다. 그리고 내가 겪은 사람들은 자기 의견을 제시하면서 타협점을 찾지 않는다. 우선 '내가 100% 맞다'는 가정에서 시작한다. 직설화법 때문에 더더욱 의견이 강하게 들린다. 이건 직장생활을 넘어 일상생활에서도 느낄 수 있는 네덜란드 사람들의 생활 방식이다. 내가 원하는 것은 요구해서 얻어내지 않으면 아무도 나를 위해 배려해주지 않는다. 내가 아는 어떤 네덜란드 엄마는 아기를 분만하고 너무너무 졸려서 좀 자고 싶었다고 한다. 그런데 간호사들이 이거며 저거며 자꾸 해야 한다고 들이밀길래, "모두 그만해주세요. 저 진짜 자고 싶어요. 나가주세요"라고 했다고 한다. 병원이라는 환경에서 권위자인 간호사한테 그렇게 말할 수 있는 우리나라 산모가 얼마나 될까?

비슷한 맥락에서 자신을 낮춰 이야기하는 '토킹 다운(Talking down)'도 불필요하고 비생산적이다. 오히려 반대로 내가 잘하는 것, 자신 있는 것을 어필하는 '토킹 업(Talking up)'이 중요하다. 실력이 있어서 회사에 채용이 되었고, 함께 동료가 되었을 텐데, 자신을 낮출 필요가 없다. 자신을 낮춘다고 다른 사람들이 좋아해주고 존경해주지 않는다. 그냥 만만하게 보일 뿐이다. 벼는 익을수록 고개를 숙이지만, 이곳의 주식인 감자는 익을수록 커진다. 개인의 어떤 경험을 상대방이 필요로 하는지 잘 파악해서, 상황에 맞게 자신의 경험과 장점을 어필하는 게 이곳에서는 더 잘 통한다.

워라밸은 문화

마지막으로 워라밸(일과 삶의 균형)을 이야기하지 않을 수 없다. 대부분의 기업에서는 휴가 3주를 연이어 써도 되고, 3년 이상 근속 시 무급휴가 3개월을 쓸 수도 있다. 그리고 휴가 동안 일은 정말 접어도 된다. 부재 중 이메일 자동회신도 흥미롭다. 어디 통신이 안 되는 곳에서 스키를 타고 있다, 해가 좋은 곳에서 서핑을 하고 있다, 내가 누려야 할 휴가를 누리고 있다는 둥 하며 회신은 휴가가 끝난 후에 하겠다는 내용이 주다.

그리고 네덜란드에서는 가족이 우선이라는 말을 자주 하는데, 이를테면 누가 집안 사정 때문에 회사 출근 시간을 조정해야 한다든가, 집안의 누가 아파 조퇴해야 한다든가 하면 누구나 가족의 안부를 염려하거나 챙기며 '가족이 우선'이라고 이야기해주는 것이다. 우리나라 직장인들이 '다 먹고살려고 일하는 것'이라며 점심 식사 메뉴나 회식 메뉴 고르는 것에 진심이라면 여기는 가족과의 행복을 위해 일하는 것이니 주객이 전도되지 말라는 취지의 표현이다. 내가 싱글일 때였다. 나의 네덜란드 상사가 아이 때문에 일찍 가야 하는 팀원을 배려해주는데, 나의 요가 학원(당시 요가가 회사 끝나고 내 삶의 중심이었다) 일정은 배려를 하지 않았다. 그래서 나에겐 요가가 가족 같은 것이라고 말도 안 되는 말을 했는데, 그 말은 수긍해주었다. 워라밸은 제도를 떠나 문화인 것 같다. 회사 밖 개인의 삶을 존중해준다는 것은 직원을 회사인으로 보기 전에 생활인으로 보기에 가능한 것이 아닐까.

네덜란드 사람들이 겨울을 나는 법

여기서는 비나 어둠을 개의치 말라고 말한다. 어둡든 비가 오든, 하던 일, 하려던 일은 다 해야 한다. 하다 보면 또 해진다. 네덜란드 아이들은 "넌 설탕으로 만들어지지 않았다"라는 말을 들으며 자란다. 학생들은 비가 와도 온몸으로 흠딱 비를 맞으며 30~40분을 학교까지 자전거를 타고 가는데, '물에 젖으면 녹는 설탕도 아닌데 얼른 학교 가!'라는 뜻이다. 네덜란드 사람들과 이야기해보면 대부분 이 시절을 자랑스러워한다. 그게 당연하다고들 하고, 젖은 바지를 입고 수업을 듣기 싫어 옷을 따로 챙겨 왔다는(이거야말로 당연한 게 아닌가 싶지만) 이야기를 한다.

2월 말에서 4월 초, 그런 강인한 네덜란드 사람들조차 겨울에 진절머리를 낸다. 도대체 봄은 언제 오냐가 대화의 주제기도 하다. 네덜란드는 적도와의 거리가 꽤 멀다. 런던 옆에 있고 덴마크 아래에 있어 북유럽이라고 하기에는 애매하지만, 위도가 북으로 52도다. 우리나라는 35도다. 그래서 해도 아주 게으르게 느긋게 뜨고 빨리 져버린다. 1월 1일에는 일출이 8시 50분, 일몰이 16시 37분이다.[6] 9시에 해가 떠 5시 전에 지니 회사원들은 깜깜할 때 출근해 깜깜할 때 퇴근하게 된다.

그리고 네덜란드 겨울은 구름 낀 날이 많아 정작 해를 쬐는 시간은 너무 적다. 이렇게 길고 어두운 겨울이 4월까지 계속된다. 우리나라에서는 3월이면 봄으로 치는데, 이곳은 3월도 겨울이다. 그러면 정말 햇빛이 그립다. 비만 안 와도 좀 나을 텐데 비도 내리 내린다. 실제로 북유럽의 많은 사람들이 겨울 우울증을 겪는다고 한다. 이름도 슬픈 SAD(Seasonal Affective Disorder)가 그 우울증의 명칭이다.[7] 아무래도 인간은 햇살이 필요하다. 쑥과 마늘만 먹으며 동굴에서 사는 게 고된 수련(?)이었듯, 어둠과 빗속에서 살려면 초인적인 노력이 필요하다.

이렇게 고된 겨울을 나기 위한 삶의 지혜는 환경을 개의치 않는 것 외에도 많다. 여유가 있다면 눈이 오는 나라로 스키 여행을 가기도 하고, 1월에 일부러 따뜻한 남쪽 나라로 여행을 가는 사람도 있다. 하루에 1분씩이라도 일출이 빨라진다는 사실에 집중할 수도 있다. 그렇게 조금씩 눈치 못 채게 작은 순간들이 쌓이면 어느새 1월 말에는 일출이 30분이나 빨라져 있고 2월 말에는 7시 30분이면 해가 뜬다. 그리고 비타민D와 맛있는 음식을 챙겨 먹는다. 햇빛으로 섭취를 못 하니 D는 아기들에게도 주어야 하는 필수 비타민이다. 사실 D보다 더 효

과가 팍팍 느껴지는 건 맛있는 음식이다. 가끔 살이 쪄도, 겨울을 나는 데 지방 좀 있으면 어때, 하는 마음으로 행복하게 먹어준다.

　그 외에 네덜란드 긴긴 겨울의 낭만에는 또 뭐가 있을까. 꼭 우리나라 사람처럼 남편은 겨울에 귤 까먹는 걸 좋아한다. 겨울에 더 맛있는 각종 수프는 또 별미다. 집에서 보드게임을 할 수도 있고, 꽁꽁 언 운하나 호수에서 스케이트나 썰매를 탈 수도 있다. 태풍에 견줄 바닷바람을 맞으면서 하는 겨울 바다 산책을 좋아하는 사람들도 있다.

2장

네덜란드만의 독특한 변주

이 나라는 알기가 어렵다. 그러니 여기 사는 외국인은 외국인이라는 우물 안에서 살기 쉽다. 우선 네덜란드 사람들은 영어가 아주 유창해 외국인이 굳이 네덜란드어를 안 해도 되니까 그렇다. 그리고 네덜란드 사람들은 사회에 해를 입히지 않는 이상 남들이 어떻게 살든 상관하지 않는다. 그래서 외국인에게 관심도 별로 없다. 네덜란드 바깥의 사람들이라면 이 작은 나라가 어디에 있는지 잘 알지 못하는 경우도 많을 것이다. 하지만 10년 이상 살아보니 보이더라. 너무나 흥미로운 네덜란드말이다. 우리가 흔히 아는 유럽이고 서양이지만 네덜란드만의 변주는 독특하다. 산타클로스는 스페인에서 배를 타고 오고, 쓰레기차는 로봇이고, 전통가요에 맞추어 어깨동무하고 춤을 추고, 생일은 어떤 종교기념일보다 더 신실하게(?) 보내는 나라. 대부분의 사람에게는 자랑할 만한 특색이라고는 뭐가 있을까 한참 생각해야 하는 작은 나라일지 몰라도 알고 보면 일상조차 이야깃거리가 되는 네덜란드는, 알면 알수록 재미있다.

세 가지 색 네덜란드

  사실 난 네덜란드 국기와 프랑스 국기가 헷갈렸다. 빨간색, 흰색, 파란색의 조합이 프랑스 국기와 흡사하기 때문이다. 하지만 네덜란드의 상징색은 그들 왕궁의 색인 오렌지색이다. 예를 들어 축구대표팀은 오렌지색 유니폼을 입고, 왕을 축하하는 공휴일 코닝스다흐(Koningsdag)*에는 온 나라가 오렌지색으로 물든다. 그렇다면 왜 빨간색, 흰색, 파란색을 국기로 선택했을까? 알아보니, 네덜란드의 주권을 확립한 빌렘 1세(Willem I, Prince of Orange-Nassau)가 16세기에 '왕자의 국기'로 오렌지색, 흰색, 파란색 3색의 국기를 사용하기 시작했다고 한다.[8] 왜 오렌지색을 빨간색으로 바꿨는지 그 이유를 들어보면 참 네덜란드 사람들답다. 오렌지색 천이 비싸고 빨간색 천이 더 구하기 쉬운 데다가, 오렌지색은 식물에서 추출했는데 색이 금방 바랬다. 거기에 더해 바다에서 더 잘 보인다는 이유로 빨간색으로 바꾸었다고 한다.[9] 참 실용적이고 현실적이다.

---

*   코닝은 '왕'이라는 뜻이고, 다흐는 '날'이라는 뜻이다. 코닝스다흐는 '왕의 날', 영어로는 'King's day'라고 번역할 수 있다.

프랑스, 러시아, 이탈리아, 아일랜드, 룩셈부르크 등 다양한 3색 국기를 쓰는 국가들이 많은데, 네덜란드가 처음으로 3색을 썼다고 한다. 일반적으로 빨간색은 네덜란드 사람을 상징하고, 흰색은 교회를 상징하고, 파란색은 귀족을 상징한다.[10] 같은 색으로 박애, 평등, 자유를 상징한다는 프랑스 국기에 비하면 스토리텔링이 좀 별로다. 어쩐지 네덜란드는 여러 면에서 문화에 대한 마케팅이 부족한 것 같다. 엊그제 꽃가게에서 예쁜 꽃 한 다발이 단돈 10유로길래 샀더니 국기처럼 빨간색, 흰색, 파란색 조합이다. 그래서 궁금한 마음에 그 색의 뜻을 찾아보았다. 딱히 네덜란드 국기의 의미는 아니지만, 어쩐지 국민성하고 잘 들어맞는 것 같다. 뜻에 맞춰 내가 정의해보는 네덜란드의 세 가지 색이다.

빨간색 - 대담함, 힘과 용기. 네덜란드 사람들은 작은 나라를 벗어나 뱃길을 개척해 국제적인 영향을 미쳤다. 여러모로 새로운 것을 많이 발명한 나라다. CD, 블루투스를 비롯해 새로 만들어낸 게 많다. 그뿐만 아니라 바다를 메꾸어 살 땅을 만든 나라 아닌가! 국토의 대부분이 해수면 아래인 나라에서 사는 것 자체가 용감한 일이다.

흰색 - 평화와 정직함. 대부분의 사람이 정직하고, 규율대로 살면서, 다른 문화와의 평화를 중요시한다. 그래서인지 이민자의 폭력적인 시위나 테러리즘도 거의 없어 보인다.

파란색 – 각성, 진실과 충실, 인내와 정의. 특히 충실함이 와 닿는데, 사람과의 관계나 직장생활 면에서도 한 우물만 파는 사람들이 많다. 좋아하는 가게나 단골이 생기면 굳이 다른 가게에 왜 가냐고 한다. 아무리 선택할 게 많아도 자기한테 뭐가 좋은지 아는 그런 확신의 태도가 다른 국민성(이를테면 용기, 정의)하고도 연결되는 듯하다.

네덜란드의 꽃, 돈, 미학

네덜란드를 상징하는 튤립은 우리가 생각하는 네덜란드의 이미지에 가까워 보인다. 꽃집에 가면 아마 가장 인기 있는 꽃이 튤립일 거다. 튤립 전용 꽃병도 종류가 다양하다. 암스테르담 중심가에는 기념품으로 튤립 구근이나 굿즈를 판다. 그리고 봄과 여름 사이 암스테르담의 서쪽 하를렘(Haarlem, 현지 발음으로 하알름에 가깝다) 근처 마을을 지날 때면 넓게 펼쳐진 화려한 색의 튤립밭이 아름답다. 그 튤립이 만발한 정원을 보러 해마다 열리는 공원이자 전시회인 쾨켄호프(Keukenhof)에 오는 사람도 많다. 그런데 사실 튤립이 네덜란드 태생도 아니고, 네덜란드에 들어온 게 고작 17세기였으니,[11] 마치 임진왜란 전에는 김치에 고춧가루를 넣지 않았다는 이야기처럼 신기하다.

네덜란드에서 튤립은 좀 특별하다. 우선 돈하고 관련된 이야기를 안 할 수가 없다. 튤립의 인기가 치솟던 네덜란드 황금기에는 튤립 구근 하나가 암스테르담 운하를 내다보는 맨션을 살 정도 가격까지 뛰었다니,[12] 코인이나 부동산은 저리 가라다. 튤립을 사서 정원을 가꾸거나 화병에 꽂아 부를 과시하려던 부유층이 튤립 투기를 한 거다. 튤립꽃의 색깔이 여러 개가 나오게 하는 재배 기술 같은 것으로 사람들의 관심을 끌고 가격을 올렸다는데,[13] 다른 것도 아니고 일주일이면 지는 꽃에 그렇게 돈을 많이 쓰다니 근검절약이 삶의 가치인 네덜란드 사람들도 돈이 넘쳐나면 바뀌나 보다.

17세기부터 튤립을 개발하고 재배하고 팔아온 네덜란드는 지금까지 그 명맥을 이어오고 있다. 네덜란드가 전 세계 꽃 시장의 중심이라는 것을 아는 사람이 얼마나 될까? 꽃 무역의 절반이 네덜란드에서 이뤄지고, 77%의 구근이 네덜란드에서 팔린다.[14] 로열 플로라 홀란드(Royal Flora Holland)에 가면 꽃 무역의 규모를 실감할 수 있다. 마치 노량진 수산시장 경매처럼, 온갖 꽃을 경매하는 곳인데, 전 세계에서 꽃 파는 사람, 사는 사람들이 이곳을 찾는다. 로열 플로라 홀란드는 튤립 재배지와 스키폴 공항 근처의 아알스메이르(Aalsmeer, 현지 발음으로 아알스미어에 가깝다)에 있는데 세계에서 가장 큰 꽃 시장이다. 하루에 3천만 개의 꽃이 거래된다.[15] 이렇게 보니, 꽃이 돈이 되는 나라가 네덜란드다. 그것도 꽃을 재배해서라기보다는 사고파는 장을 마련하고, 나라의 상징으로 만들고, 관광 용품과 관광지를 개발해 돈을 버니까, 새삼 네덜란드 사람들의 상업력이 대단하다는 생각이 든다.

꽃이 흔한 만큼 그 가격은 우리나라에 비해서는 저렴하다.

특히 튤립을 재배하는 동네에서는 암스테르담의 절반 가격에 꽃 한 다발을 살 수 있다. 그래서 특별한 날이나, 어딘가에 초대를 받으면 기분 좋게 한 다발 사는 즐거움이 있다. 그뿐만 아니라 집 안의 분위기를 살리기 위해 일주일에 한 번 꽃을 사는 사람들도 많다. 집 앞 떡볶이 상점처럼 많은 게 도로변에 위치한 꽃집이다. 그러고 보니 노점상 거의 없는 네덜란드에 유일한 노점상이 꽃집이다. 요새는 원하는 때마다 꽃을 배달해주는 '꽃 넷플릭스'도 있다. 편지함에 들어가게 얇은 박스에 꽃을 넣어 배달해주는 회사다. 이렇게 꽃 시장은 변해가는 수요에 맞추어 계속 발달하고 있다.

네덜란드식 꽃의 미학도 흥미롭다. 여느 갤러리나 인스타그램 '성지'보다 더 황홀하고 아름다운 꽃가게도 아주 많고, 어느 플로리스트(네덜란드의 플로리스트 다수가 장미 가시를 엄지로 밀어버릴 굳은살이 박힌 남자다)에게 물어봐도, 꽃에 대한 이야기 하나쯤은 들을 수 있다. 관찰해보면 네덜란드 사람들은 주로 다양한 종류의 꽃을 섞어서 야생의 자연스러움이 느껴지게 꽃다발을 만든다. 이런 자연스러움이 매력인 꽃다발은 '들판 부케(Veldboeket, 벨드부케트)'라고 불린다. 그렇게 만드는 조화로움이 정말 매력적이다. 줄기도 많이 안 자르고 아주 키가 큰 화병에 다양한 꽃을 꽂아 넣으면 그 존재감이 정말 남다르다. 포장도 꽃의 자연스러움을 가장 잘 살릴 수 있게 투명한 비닐

한 장에 꽃 색과 어울리는 종이 한 장, 그리고 긴 리본 끈 묶음이 끝이다. 일본식 꽃꽂이를 예술의 하나로 알아주는 만큼, 네덜란드식 꽃꽂이도 알아줘야 하지 않을까 싶다. 꽃 하나하나의 모습과 색, 모양과 키 등 서로 다른 꽃과 풀들이 다양하게 어우러진다. 이렇게 만든 부케의 아름다움과 자연의 모습을 닮은 자태가 남다르다. 뭔가 흉내 내려고 하지도 않고 그냥 자연스러운 꽃들을 한데 모아 만드는 미학, 어쩐지 네덜란드 사람들의 생활관을 닮은 듯하다.

코흘리개가 따라다니는 쓰레기 트럭

이곳에 살다 보면 네덜란드 사람들이야말로 '이과'가 아닌지 싶을 때가 있다. 문제 풀이를 좋아하고 그 과정이 효율적인 것을 중요하게 생각한달까. 사회적 문제를 기술이나 규칙을 통해 보다 합리적으로 해결한다고 느낄 때가 있다. 간단한 예를 들자면, 자전거에 나무상자를 달아 자동차를 타지 않고도 아이들 여럿을 한 번에 데리고 다닐 수 있는 박핏츠(Bakfiets), 사과 씨를 빼는 도구, 아스파라거스 껍질을 벗겨주는 부엌용품은 생활 속 발명품이다.

내 눈에 가장 감명(?) 깊은 것은 쓰레기를 처리하는 방식이다. 우선 암스테르담처럼 아파트가 많은 도시에서는 주민들이 원할 때 쓰레기를 동네 매립형 컨테이너에 버린다. 빙산의 일각처럼 나와 있는 쓰레기통 뚜껑을 그냥 열고 버리면 지하에 있는 어마어마하게 큰 컨테이너에 몽땅 쏟아져 들어간다. 쓰레기가 흘러나오지 않아 거리가 깨끗하게 유지된다는 장점이 있다. 그리고 시에서 한 주에 한 번씩 전용 트럭으로 이 지하에 매립된 컨테이너를 크레인을 이용해 지상으로 끌어 올려서 내용물을 트럭에 붓고 옮겨 간다. 트럭의 절반이 크레인 같은 팔이 달린 로봇인 것이다. 운전자의 조작으로 트럭에서 로봇 팔이 나와 컨테이너를 들어 올리고 허공에서 쓰레기를 트럭 짐칸에 쏟아 붓는 이 모습은 장대하기까지 해서 코흘리개 아이들은 물론 어른들까지 가끔 서서 구경한다. 우리 아기는 쓰레기를 와구와구 먹으니 트럭을 '와구'라고 부르고 쓰레기차 모양의 장난감까지 가지고 논다. 어떻게 생각하면 시민들이 쓰레기를 대충 아무렇게나 버리고, 도로가 더러워져도 신경 안 쓰고, 쓰레기 청소할 사람이 정성을 다하지 않을 걸 아니까 이렇게 관리하는 게 아닌가 싶다. 버리기 편리하고, 관리하기 쉽고, 처리하기 쉬운 거다. 하지만 암스테르담에서 살 때 시에 내는 쓰레기 처리 비용만 2인 가구 기준 연 580유로(78만 원 정도)였으니 싼 값은 아니다.

이와 다르게 주택단지는 집집마다 네 종류의 쓰레기통이 있어서 쓰레기 버리는 날 트럭이 돌아가며 통을 비워 간다. 가구 수에 따라 쓰레기통 규격이 따로 있다. 아무래도 자기 집 앞에 놔두는 쓰레기통이니 쓰레기통도 관리를 하게 된다. 쓰레기통을 고압수로 청소해주는 서비스업체가 있을 정도다. 어느 날은 동네 산책을 하다가 놀라운 장면을 봤다. 한가로운 일요일에 차들이 줄을 서서 어디로 들어가려고 하길래 남편한테 물어보니, 다들 쓰레기 버리러 가는 길이라고 하는 게 아닌가!

통에 들어가지 않는 가구 같은 큰 쓰레기는 버릴 수 있는 양이 정해져 있다. 그런 쓰레기는 전문가를 써서 버리든가 직접 차를 싣고 쓰레기장에 가야 한다.

거리의 쓰레기는 대부분 회전 빗자루가 바퀴 앞에 달린 청소차를 이용한다. 거의 모든 것에 도구와 기계를 사용하니, 편하고, 효율적이고, 단순노동에서 벗어나게 해주는 걸까? 그래도 자잘한 담배꽁초며 휴지 조각은 어찌 못하는지 도로나 공원의 풍경이 항상 깨끗하기만 한 것은 아니다. 네덜란드식 효율적 문제 풀이에도 이렇게 사각지대는 있다.

네덜란드 국민이 어깨춤 추는 날

네덜란드의 로열패밀리는 없어졌던 걸 사람들이 원해서 다시 만들었다. 주변의 네덜란드 사람들하고 이야기해보면 로열패밀리가 나라의 정체성과 상징으로 필요하다고 생각하는 것 같다. 그리고 그러한 왕을 기념하는 날이 '코닝스다흐(왕의 날)'라는 공휴일인데, 날짜는 4월 27일이다.

해마다 4월 27일에는 온 나라가 네덜란드 국가를 상징하는 오렌지색으로 물든다. 이날을 즐기는 사람들과 거리 곳곳에서 벌어지는 시끌벅적한 이벤트로 축제 분위기가 아주 말도 못하게 뜨겁다. 테크노 음악을 좋아하는 이곳 젊은이들을 위해 곳곳에서 테크노 파티가 열리고, 오렌지색 깃발과 옷과 온갖 장식으로 도심이 형광 주황색이 된다. 운하가 있는 도시라면 배를 타고 파티를 하는 것도 즐겁고, 가족이 있다면 다른 가족들처럼 아이들과 길거리에서 창고 세일을 하는 것도 좋다. 사실 말이 왕의 날이지, 그냥 평범한 사람들이 걱정은 다른 곳에 두고 자기 맘대로, 해야만 하는 의무로부터 벗어나는 날이 이 공휴일의 의미인 것 같다.

축제날 거리 어디를 가도 빠지지 않는 것이 바로 네덜란드 가요와 여기에 맞춰 흔들어대는 들썩들썩 어깨춤이다. 젊은 사람도 나이가 든 사람들도 하나가 되는 네덜란드 가요는 한국의 트로트와 비교하면 될까. 삶과 사랑의 애환을 다룬 노래들인데, 그 정서가 익숙해서인지 처음 들어도 대충 따라 부르며 어깨동무하고 음악에 몸을 맡길 수 있다.* 특히 밤이 되어 종일 마신 술기운이 오르면 부끄러움도 잊고 떼창을 할지도 모른다. 암스테르담의 코닝스다흐는 혼란과 소란의 집체라면, 근래 나르던에서 경험한 코닝스다흐는 조금은 더 가족적이었다. 그래도 아줌마, 아저씨들은 맥주 한 잔 들고 가요에 맞춰 춤을 추며 도로를 점령한다. 그리고 맘에 쏙 드는 빈티지 그릇이나 그림을 좋은 가격에 늘어놓고 팔아, 그곳에서 구한 좋은 그릇들은 아직도 잘 쓰고 있다.

어떻게 보면 코닝스다흐는 네덜란드 사람들이 좋아하는 걸 한 번에 느껴보기 쉬운 날이다. 대부분의 네덜란드 사람들은 오렌지색으로 꾸미는 것에 아주 진심이다. 내 생각에는 왕가의 색인 오렌지를 특별히 여겨서라기보다 드레스코드라는 문화 자체를 좋아하기 때문이 아닐까 싶다. (수준급으로 분장을 하고 흥청망청 즐기는 카니발도 있는 나라다.) 평상시에 항상 무채색 혹

---

*   어떤 스타일의 노래인지 궁금하다면 대표 가수 안드레 하제스(André Hazes)의 <작은 소년(Kleine Jongen)>을 찾아 들어보기를 권한다.

은 청바지만 입다 보니 날을 잡아 즐기는 드레스코드에 진심인 거다. 짠돌이들로 유명한 네덜란드이니 돈 요소도 빠질 수가 없다. 안 쓰는 물건을 팔아 돈을 벌고, 싸게 물건을 살 수 있는 기회다. 나도 1유로에 인형, 티셔츠도 사보았다. 맥주나 와인 한잔 걸치고 길거리를 안방인 것마냥 돌아다니는 것도 재밌다. 축제는 축제이니 모든 거리와 도시가 춤을 추고, 이야기하고, 취할 브라운 카페(Bruin café)*로 바뀐다. 먹는 걸 좋아하는 남편과 나는 이날을 기념하는 디저트를 먹는다. 톰푸스(Tompouce, 커스터드와 생크림이 샌드위치처럼 쌓인 페이스트리), 모어콥(Moorkop, 커다란 슈크림)도 코닝스다흐라고 오렌지색이다.

왕가를 좋아하든 좋아하지 않든, 4월 27일은 무시할 수 없는 공휴일이다. 적고 보니 네덜란드 왕가도 그런 것 같다. 무시할 수 없는 존재. 아무리 왕이 정치적 힘이 없다고 해도, 정부의 구성이나 법의 통과에는 왕의 허락이 필요하다. 또 하염없이 내는 세금에서 자유로운 것도 로열패밀리고. 왕의 말 한마디가 네덜란드가 하는 말이 된다. 과거 인도네시아 식민 통치를 사죄한 것처럼. 하지만 이런 무거운 주제들이 싹 잊히고 테크노나 국민가요에 맞춰 어깨춤이나 추게 되는 것이 '왕의 날'이니, 참 아이러니하다.

---

* 브라운 카페는 선술집처럼 사람들끼리 모여 잡담하고 술이나 요깃거리를 찾을 수 있는 곳이다. 대부분 역사도 오래되었고 퀴퀴하지만 아늑한 느낌이 든다. 브라운 카페라는 이름은 오랫동안 담배 연기에 노출되어 어두운 벽돌이 더 어두워져 붙은 이름이다.

시를 써주는 산타클로스

네덜란드의 어둡고 습한 추운 겨울이라도 12월만큼은 사람들 표정에 생기가 있다. 곧 신터클라스(Sinterklaas)고 크리스마스기 때문이다. 거리 곳곳에는 크리스마스 조명 장식이 들어서고, 캐럴이 나오고, 모든 상점이 연말에 맞춰 근사하게 포장된 먹거리, 선물로 지갑을 유혹한다. 그러나 대부분의 네덜란드 사람은 크리스마스보다는 신터클라스 주간의 대미인 12월 5일의 선물 저녁(Pakjesavond, 파켸스아본드)을 더 기대하고 좋아한다.

네덜란드의 크리스마스를 한마디로 표현하자면, 좀 썰렁하다. 독일처럼 크리스마스 전통 코스요리를 만드는 것도 아니고, 덴마크처럼 같이 크리스마스 트리를 돌며 노래를 부르는 것도 아니고, 영국처럼 선물을 교환하는 것도 아니다. 그냥 가족들이 모여서 저녁을 먹고, 신앙이 있는 사람들은 교회에 가는 것이 전부다. 특히 전통 요리가 따로 없어 심심하다. 케아스트스톨(Kerststol, 우리나라에는 슈톨레라는 이름으로 알려져 있다)이라는 크리스마스 빵이 있긴 한데, 똑같은 빵을 이름만 달리 붙여서 부활절, 성령강림절에도 먹는다. 조금 허전하다는 점 외에 네덜란드 크리스마스의 또 다른 특이한 점은 25일뿐 아니라 26일도 공휴일이라는 점이다. 그래서 보통 공평하게 하루는 커플 한쪽의 가족, 다음 날은 다른 한쪽의 가족과 명절을 보낸다.

어쨌든, 그렇게 크리스마스가 썰렁한 것은 12월 초의 신터클라스 때문일지도 모른다. 공휴일은 아니지만, 아마 네덜란드의 모든 아이와 어른들이 1년 중 가장 손꼽아 기다리는 때가 아닐까 싶다. 신터클라스는 산타클로스랑 비슷하게 빨간 옷을 입은 할아버지다. 아주 오래전부터 전해오는 이야기에 따르면, 신터클라스는 11월에 배에 선물을 가득 싣고, 자신을 도와주는 여러 명의 즈와트피트(피트라는 이름의 심부름 소년)들과 같이 스페인을 떠나 네덜란드로 항해한다. 네덜란드 공영 방송에서는 뉴스를 통해 큰 배를 타고 손을 흔들며 네덜란드에 도착하는 신터클라스를 보여준다. 신터클라스를 선두로 한 행렬은 운하와 큰 길을 따라 퍼레이드를 하는데, 축제 느낌이 물씬 난다. 네덜란드에 도착한 흰 수염의 할아버지는 전국을 돌아다니고, 이에 맞춰 각 동네는 신터클라스가 올 때에 맞춰 퍼레이드를 한다. 그러면 아이들은 즈와트피트가 퍼레이드 때 뿌려주는 사탕을 받는다. 창가에는 신발을 두고 그 안에 할아버지가 타고 다니는 말을 위한 당근도 넣어둔다.

신터클라스한테는 아이들의 행실을 적은 큰 책이 있어서, 모든 아이의 잘잘못을 알고 있고 그에 따라 선물을 마련해준다. 그리고 선물과 함께 뭘 잘했고, 뭘 더 잘할 수 있는지 한해를 돌아보도록 하는 시를 적어 준다. 선물을 주고받고 시를 쓰는 게 신터클라스를 믿는 아이들만을 위한 건 아니다. 어른들도 한 해를 돌아보며 서로에게 시를 쓰고, 선물을 교환하고, 게임을 하면서 서로 웃고 떠들고 즐겁게 시간을 보낸다. 멋지고 감동적인 시라기보다는, 운율을 맞추고 해학과 풍자를 넣은, 비꼬는 듯하면서도 서로 인정해주는 시가 주를 이룬다.

내가 처음으로 네덜란드에 단기 발령을 왔을 때 마침 팀에서 신터클라스 행사를 했다. 각자 마니토를 뽑아서 서로 익명의 편지를 쓰고 선물을 주는데, 누가 편지를 썼는지 맞혀보는 게임까지 같이 했다. 그런데 나는 시가 좀 길고 구구절절해야 한다는 걸 몰라서, 농축하고 농축해 하이쿠 같은 아주 짧은 시를 써 주었다. 그걸 읽으며 당황해서 얼굴이 빨개진 내 마니토를 그때는 이해하지 못했다.

네덜란드 사람들은 아끼는 사람들에게 뭘 써주거나 말해주기를 좋아한다. 생일 때 카드를 적어 주거나, 결혼 때 신랑이나 신부 혹은 커플의 살아온 인생에 대해 길고 재밌게 풀어 연설을 하거나, 이렇게 신터클라스 때 A4 한두 장을 채운 시까지 써준다. 개인주의 사회에서 그 개인사를 장황하게 조명 해주는 것만큼 최고의 칭찬은 없겠다 싶은 생각이 들 정도다.

특별한 군것질거리가 넘치는 게 또 신터클라스 즈음의 매력이다. 신터클라스 때면 상점에 차고 넘치는 계피 맛 과자 크라우드노튼(Kruidnoten)이 생각난다. 바삭바삭한 식감에 맛은 로터스 쿠키 같은데, 동글동글하게 생겼다. 어떻게 보면 개 사료같이 생기기도 했다. 아무튼 슈퍼에서 5킬로그램짜리 어마어마한 크기의 과자봉지를 보면 네덜란드 사람들이 이걸 얼마나 좋아하는지 감이 온다. 내가 좋아하는 마지팬(아몬드 가루에 설탕을 넣어 굳혀 만든다)이 들어간 아만델스타프(Amandelstaaf), 또 다른 계피맛 과자 스페퀼라스(Speculaas)도 신터클라스면 더 자주 눈에 띈다. 그리고 알파벳 모양(보통 신터클라스의 'S' 혹은 받는 사람 이름의 첫 알파벳을 많이 산다)의 초콜릿도 보인다. 우리나라는 한가위가 있는 가을이 천고마비의 계절이라면, 여기는 신터클라스 즈음이 살찌는 계절이 아닌가 싶다. 먹거리로 몸도 훈훈, 재밌는 게임과 시로 마음도 훈훈. 바깥 날씨가 아무리 비바람이 몰아치고 추워도, 안에서만큼은 눈물 나게 웃기고 따뜻해지는 날이 내 눈에 비친 신터클라스다.

집 앞에 백조가 둥지를 틀었다

네덜란드말 폴더(Polder)는 개간지를 뜻한다. 산이 많은 우리나라에서는 산을 개간해 주거지나 농경지로 만든다. 그런데 여기는 바다와 물을 땅으로 만든다. 강이 근처인 우리 동네에도 수로가 많다. 이제는 조경을 위해 물길을 만들기도 한다. 수심은 얕지만 아이들은 보트를 타기도 하고 낚시를 하기도 한다. 이 물길이 낭만적인 이유는 갖가지 새가 유유히 헤엄치는 덕이다. 청둥오리, 거위, 검은색 물닭, 백조, 황새, 그 외에도 두세 종이 살고 있다. 이 수로에는 나름대로 생태계가 있어 물고기도 산다. 이곳 속담에 '5월은 알을 낳는다'라는 말이 있는데, 5월이 되자 정말 새들이 둥지를 틀고 있다. 작년에는 동네호수의 분수대에 둥지를 튼 물닭 가족을 위해 비 오는 날에도 트는 분수를 잠가뒀었다. 그런데 올해에는 백조 커플이 우리집 앞 둑에 둥지를 튼 것이다. 차가 지나가고 고양이가 돌아다니고 가스관 공사까지 하는데 하필 그곳에 둥지를 틀다니. 괜찮을까? 하지만 모두의 무관심에 가까운 관심을 받으며 백조는 알을 잘 품고 있다. 네덜란드 사람들이 그렇다. 개인주의 사회라 각자 갈 길 가는 것 같아도 타인의 행동 하나하나를 유심히 살핀다. 이런 관심이 좋기도 하고 불편하기도 하다. 그간 길가에 가스관 교체 공사가 있었으니 그 소음과 먼지에 백조 엄마가 참 힘들겠다 싶다. 비가 오나 더우나 고개를 푹 깃털에 박고 알만 품고 있다. 야위고 더러워진 게 눈에 보인다. 나만 이런 생각인 게 아닌지 동네 주민 톡에서 백조 이야기가 한참이다.

네덜란드 사람들은 동물을 아낀다. 아기처럼 떠받드는 건 아니지만 가족의 일부, 혹은 야생 동물이라면 존중과 보호가 필요한 대상이라 생각한다. 19세기에 이미 동물보호연합(The Dutch Society for the Protection of Animals)이 있었고 20세기에 들어서는 동물보호법이 만들어졌다.[16] 동물 경찰도 있는데, 동물을 상대로 한 범죄와 구조를 담당한다.

한번은 공원에서 다리를 절고 있는 까치를 발견해 이 경찰에 연락했다. 그리고 백조 수놈이 다른 수놈과 싸우고 패배해 차도를 배회할 때 지나가던 행인들이 하나둘 모여 동물 경찰이 올 때까지 교통 정리를 하고 백조가 길을 안전히 건널 수 있게 도와주었다. 다수의 정당이 있는 나라라 그런지 무려 동물을 위한 정당도 있다(The Dutch Political Party for the Animals).

네덜란드에서는 개나 고양이를 기르려면 반드시 아이디를 등록해야 한다. 그 과정에서 전자 마이크로칩을 꼭 내장시켜야 한다. 이 칩은 네덜란드만이 아니라 유럽 내의 등록 시스템이다.[17] 그래서일까, 네덜란드에는 길고양이가 없다. 길에서 보이는 고양이는 많지만, 모두 보호자가 있는 고양이다. 낭줍 불가! 고양이들도 잘 산책하고 자기 집으로 송송 찾아 돌아가는 게 신기하다. 네덜란드에서 유기견이나 유기묘를 입양하려면, 무려 터키나 폴란드, 불가리아에서 입양된 동물들을 보호하는 센터를 통해야 한다.

하얗고 커다란 백조는 아름답다. 새끼는 보송보송 회색 깃털을 달았는데 그 밤톨 같은 모습은 손에 넣어 품고 싶을 만큼 귀엽다. 하지만 이곳 사람들은 백조에 가까이 가지 않는다. 날개를 펴면 2미터가 넘게 커지고, 공격할 때는 굉장히 빠르고 위협적이다. 백조는 아니고 거위가 한번 나한테 덤빈 적이 있다. 거리 두기를 하지 않았다고 꽥꽥거리며 달려오는 게 아닌가. 당시 임신 말기였는데 무서워할 겨를도 없이 아줌마 파워로 들고 있던 핸드백을 휘둘러 거위를 내쫓았다. 인간이 만든 마을에서 인간과 함께 살지만 이들은 야생 동물이다. 동네를 산책할 때면 딱따구리 소리도 나고 드물게 빨간 다람쥐도 보인다. 동네 고양이들이 순찰하는 우리 집 정원에는 개구리와 소라가 들어섰다. 우리가 사는 콘크리트 집, 콘크리트 마을에 이렇게 알게 모르게 자연이 스며드는 게 참 좋다.

무역상 선조가 암스테르담에 남긴 것

우리나라보다 땅도 작고, 인구도 1천7백만 명 정도밖에 안되는 네덜란드가 국내총생산(GDP)은 스위스보다 높고 국민소득(GDP per capita)은 독일, 영국, 프랑스보다 높은 5만 유로대의[18] 부자 나라가 된 이유가 뭘까. 암스테르담에 발을 디디면 느껴지는 유럽만의 안정적이고 유복한 느낌은 어디서 오는 걸까. 암스테르담은 고대나 중세도시가 아니다. 17세기경 우리가 익히 아는 모습의 건물들이 대부분 지어진, 꽤 '젊은' 도시다. 그리고 17세기는 네덜란드의 황금기라고도 한다. 네덜란드가 세계에서 가장 부자였고, 영향력이 가장 컸던 때. 그때 운하가 만들어지고 번성하기 시작한 도시가 암스테르담이다.

네덜란드 황금기의 키워드는 바로 '무역'이었다. 우리가 암스테르담 중심가를 걸으면서 스쳐 가는 건물 중 일부는 그 무역 시대의 역사를 지닌 장소기도 하다. 네덜란드 왕궁(Koninklijk Paleis Amsterdam)이 있는 담(Dam) 광장은 비둘기가 가득한 좀 썰렁한 광장인데, 그 바로 옆에 세계 최초의 증권거래소가 있다. 스페인의 식민지에서 벗어나 세계 최고의 나라가 된 네덜란드의 17세기 격변이 시작된 곳이다. 당시 수개월을 항해하고 전쟁까지 치를 배를 만들고 무역사업을 하려면 어마어마한 자금이 필요했다. 그래서 고안해낸 장치가 바로 오늘날의 주식과 같은 개념이었다. 원하는 사람 모두가 미래의 가치에 투자해서 그 이상을 돌려받는 비즈니스 모델을 만든 것이다. 당시의 대표적인 회사인 동인도회사(VOC)의 본사(Bushuis)는 지금도 남아 있다. 네덜란드-르네상스식의 건축물인데, 지금은 암스테르담 대학의 건물로 쓰이고 있다.[19] 지금도 중앙역(Centraal station)의 동쪽으로 선박회사, 배 만드는 곳, 부두가 있었던 라스타쉐(Lastage) 지역을 거닐면, 당시 탔던 배의 모습을 볼 수 있는 해상박물관이 있고, 향신료를 취급한 동네답게 건물이나 거리 이름에서 향신료의 흔적을 발견할 수 있다. 예를 들면 후추 다리(Peperbrug), 후추 거리(Peperstraat)가 그 예다.

암스테르담 국립박물관(Rijksmuseum)에 가면 울렁거리는 파도를 항해하는 무역선들과 무시무시한 바다를 표현한 그림을 많이 볼 수 있다. 미지의 세계로 나아갈 정도로 돈에 몰빵한 개척정신을 생각해본다. 당시 조선에 표류한 하멜도 그들 중 하나였다고 생각하니 흥미롭다. 모두가 '돈'을 따라 하나가 된 17세기 네덜란드. 그 시절 축적된 부로 우리가 오늘날 보는 운하가 흐르는 부유한 암스테르담이 만들어지고, 선원들이 들렀다 가는 무역항의 사창가가 만들어진 것이다. 거기다 우리 눈에는 신기한 관습, 효율성을 중시하는 상인 정신까지도. 무엇보다 도박에 가까웠던 항해를 감내한 용감함은 높이 살 만하다고 본다.

하지만 모든 네덜란드 사람들이 동인도회사와 17세기를 꼭 자랑스러워하는 것만은 아니다. 향신료 말고도 사람까지 사고팔았기 때문이다. 당시 네덜란드는 아프리카에서 사람을 납치해 북미 지역에 노예로 팔았다. 지금은 그 처참한 죄를 부끄러워하고 인정하는 분위기이다. 그럼에도 암스테르담의 오래된 건물을 찬찬히 뜯어보면 아직까지 충격적인 장식을 볼 수 있다. 흑인의 두상이 조각되어 있는 것이다.

암스테르담 센터의 운하를 따라 있는 멋진 건물들은 돈 많은 상인 계급이 살던 집이었다. 우리가 보는 네덜란드의 그림들, 예를 들면 페르미에르(Vermeer, 현지 발음으로는 버미어에 가깝다)의 〈우유 따르는 여자(The Milkmaid)〉나 더 호흐(De Hooch)의 그림들은 이런 상인층과 그들의 저택에서 일어나는 일상을 기록한 작품이다.

운하에 있는 덜 근사한 집들은 삐뚤삐뚤하고 좁고 꼭대기 창문 위에 도르래 매는 장치 같은 게 있다. 특히 암스테르담 요르단(Jordaan) 지역에 많다. 이것도 참 보는 재미가 있다. 당시에는 집에 세금을 매길 때 너비에 따라 세금을 매겨서 좁고 깊게 지었다.[20] 그리고 운하 옆에 있는 많은 건물들이 물자 창고로 쓰여, 아무래도 잘 짓고 못 짓는 것이 별 상관 없었을 것이다. 대신 집의 꼭대기에 도르래를 달아 좁은 계단으로 옮길 수 없는 무거운 물건을 위층으로 들어 올렸다. 이때 건물에 가해지는 하중을 분산시키려고 건물을 일부러 앞으로 기울게 지었다고도 한다.[21] 아직도 이사할 때 요긴하게 쓰이는지 종종 도르래에 이삿짐 달린 게 보인다. 무려 4세기가 지난 지금도 말이다.

4세기를 버틴 도르래처럼 무역을 통해 세계 최강 국가가 된 기질은 암스테르담 거리뿐 아니라 이 나라 곳곳에 아직도 살아 있다. 로테르담에는 유럽 내 최대 항만이 있어 유럽 밖에서 들어오는 많은 물자가 네덜란드 항구에서 각 나라를 찾아간다. 국제공항 스키폴은 유럽에서 가장 바쁜 공항 중 하나이다.[22] 미국 정부 웹사이트에 따르면 네덜란드는 유럽 내에서 물류와 유통 네트워크가 가장 발달한 나라라고 한다.[23] 그리고 대부분의 국민이 네덜란드와 영어 외에 외국어 한두 개는 더 한다.[24]

네덜란드 사람들은 지금도 선조들처럼 혁신적인 생각도 많이 하는 듯하다. 예를 들어 네덜란드는 땅을 개간하고 첨단 기술을 사용해 농작물을 재배한다. 해가 별로 나지 않는 네덜란드가 유럽연합 제1의 농산물 수출국일 정도다.[25] 내 주변에만 해도 이탈리아나 그리스 같은 따뜻한 남쪽 나라의 토마토가 맛있고, 네덜란드의 토마토는 아무 맛이 없다고 하는 사람이 많다. 토마토는 물론이고 많은 야채가 아무 맛이 없다고 한다. 하지만 토마토가 네덜란드의 대표 상품 중 하나라니,[26] 이탈리아에서 먹는 토마토가 사실은 네덜란드에서 재배되었을 가능성이 크다.

싸게 사서 비싸게 팔자는 대항해시대 무역 정신은 아직도 삶의 곳곳에 남아 있는 것 같다. 생활 속에서도 낡은 물건을 버리는 대신 물물교환하거나, 중고로 비싸게 판다. 그런 중고를 사서 되팔기도 한다.

3장

네덜란드 아이들은
왜 행복할까?

생명이 소중한 것은 어느 곳이나 같다. 네덜란드의 자식 사랑도 우리나라 자식 사랑처럼 깊다. 하지만 우리와 그네들의 세 끼 식사가 다르듯이 그 사랑의 방법은 참 다르더라. 네덜란드에서 임신과 출산을 하고, 아기를 기르며 한국과 네덜란드의 육아 방법을 양다리 걸치고 배우다 보니 이 흥미롭고도 때로는 답답한 문화의 차이를 이야기하지 않을 수가 없다.

네덜란드의 아이들은 세계에서 가장 행복하다고 하는데,[27] 동네에서 만나는 아이들은 꾸밈없이 순진한 모습이다. 정원에서 뛰어놀고, 물가에서 수영하고, 공차기를 하는 어린이들의 모습은 보기만 해도 흐뭇하다. 부모들은 훈육은 따끔하게, 가족 내의 규율은 확실히 해도, 놀 때는 실컷 놀고 가능하면 동물, 자연과 어울리는 방법을 알려주며 아이를 키운다.

반면에 네덜란드에서는 10살이나 되었을까 싶은 꼬마가 맥주를 마신다거나 십 대끼리 모여 담배를 피우고 꽁초를 아무 데나 버리고, 야외 페스티벌 때 모여서 약을 하는 풍경도 보인다. '제스 예스 문화(Zesjescultuur)'는 100점 만점에 통과 기준점인 60점만 받으면 된다는 학생들의 안일한 태도를 비판하는 표현인데, 부모한테도 적용이 되는 것 같다. 아이에게 더 노력해 더 성취하기를 권장하기보다 그저 내버려두는 것이다. 부모는 진로에 있어서는 웬만하면 자식이 하고 싶은 대로 두고 개입하지 않고 아이를 기른다.

뭐, 질풍노도의 시기를 어찌 보냈든 성인이 된 네덜란드 사람들은 그래도 대부분 자기 자리를 찾는다. 세상에서 가장 행복한 나라 6위[28]가 네덜란드다.* 대부분은 화이트칼라나 블루칼라라는 정의가 무색하게 무슨 일을 하든 평범하게 살 수 있고 자신에 대한 자부심과 가족에 대한 책임감도 있다. 그래서 그 시작점인 유년시절이 따뜻하고 행복하도록, 그리고 계속해서 그러하도록 도와주는 부모란 어떤 부모일까 궁금했다. 종종 남편이나 다른 네덜란드 사람들과 대화를 하다 보면 나의 기준과는 아주 다른 이야기를 듣는다. 그럴 때마다 옳고 그름보다 다름으로 생각하면서 그 차이점을 관찰하고 곱씹어본다.

* 우리나라는 52위이다.

자연주의로 태어나는 자유인
네덜란드 아기들

가족계획을 한 후 네덜란드에서 겪은 임신, 출산 준비 과정은 내 생각의 지평을 넓혀주었다고 할 만큼 나한테 익숙했던 것과 아주 달랐다. 네덜란드 방식은 한마디로 표현하자면 자연주의다. 정말 필요하지 않은 이상 의료적 처치를 하지 않으려 한다. 예방보다 치료가 목적이라는 이곳의 의료 관념과 통하는 면이 있다. 그리고 유난 떨지 말고 다들 하는 대로 하라는 사고가 강하다. 네덜란드 사람들이 자주 쓰는 속담인 '평범히 해라, 이미 그게 엄청 특이하니까(Doe maar normaal, dan doe je al gek genoeg).', 이 말이 그냥 나온 게 아니다.

체외수정은 정말 정말 나중에
네덜란드에서는 난임 치료를 위해 여러 단계의 절차를 밟아야 한다. 우선 가정의(Huisarts) 그리고 클리닉 그리고 마지막에 종합병원을 거친다. 바로 병원이나 클리닉에 갈 수 없고 그 전 단계 담당의의 제안이 있어야만 갈 수 있다. 체외수정 시술은 모든 다른 방법이 실패했을 때 최종 선택지로 묶어둔다. 그 이유를 담당 의사에게 물어보니 시험관 아기 방법이 침습적 (Invasive)이기 때문이란다. 결국 가장 자연임신에 가까운 임신을 권장하는 데서 나온 관념이 아닐까 싶다. 또 절차를 중요시하는 고지식한 면도 보인다. 고령의 커플은 하루하루 늙어가는데, 병원에 2~3년간 다니면서 이런 절차를 사용 설명서처럼 따라야 하는 게 고역이다. (네덜란드 의료보험이 있다면 대개는 세 번까지는 체외수정이 무료다.)

병원의 환경도 참 다르다. 내가 간 암스테르담의 유명한 병원 난임센터는 80년대 임시 건물 같았다. 처음 갔던 날 허름한 로비에는 아주 낡은 커피자판기가 있었다. 창가로 아침 해가 들어오고 있었다. 흰 가운을 입은 수더분한 모습의 의료진들이 수다를 떨며 커피를 마시고 있는데, 왜 그렇게 여유가 있는지 참 부럽기도 하고 복잡한 감정이 들었다. 간절한 마음으로 왔는데, 우리의 개인사나 사정보다는 자신들의 행복과 프로토콜이 더 중요하구나 싶었다. 그런 걸 가지고 또 뭐라고 할 수는 없지만. 스트레스가 덜하고 행복한 의료진이 검사도 더 행복하게 해주지 않을까 싶기도 했으나 우리 부부는 환자보다 절차가 우선이라 느껴진 네덜란드 난임병원에 다니며 시간 낭비하지 말고, 때를 봐서 효율적인 한국의 종합병원에 가기로 했다.

그런데 어느 날 우리에게 귀중한 아기가 생겼다. 한국에 가서 체외수정을 시도할 필요도 없이 말이다. 그러고 나자 낭비라고 생각했던 시간이 정말 낭비였던 건가, 되돌아보게 되었다. 한국에 갔어도 시술 성공률이 100%가 아니고, 몸도 마음도, 일도 삶도 고되었을 테다. 아무것도(?) 안 하는 사이에 임신이 되었으니 애써 병원에 가서 고생하지 않아도 되어 다행이라고 여겼다. 그때 생각했다. '자연주의가 나쁜 건 아니구나… 모든 일을 다 온 힘을 다해 노력해야 할 건 아니구나'.

병원 대신 동네 조산원

비틀스의 노래 〈렛 잇 비〉처럼 렛 잇 비인 게 네덜란드다. 이곳에서는 의료 상황이 아닌 경우에는 의사나 간호사가 임신이나 출산에 관여하지 않는다. 대신에 조산사가 있다. 조산사는 임신, 출산, 그리고 출산 후 산후조리까지 관장한다. 조산사도 공부하고 실습을 거쳐 되는 것이고, 이 분야에서는 최고의 전문가지만, 초음파를 보고 진단할 전문 자격도, 의료 시술을 할 자격도 없다.

조산사와의 만남은 동네 조산원에서 이루어진다. 상담만 하는 곳인데, 마치 커뮤니티 센터처럼 수수하다. 엄마 따라온 어린이를 위한 장난감, 산모들이 보내온 감사 편지 같은 이런저런 장식물이 아주 친근하게 느껴진다. 그리고 상담도 항상 친절하다. 몸무게 재고, 키 재는 게 가능은 하지만, 난 한 번도 경험하지 못했다. 재고 싶으면 재라고 하니 굳이 재고 싶어지지 않았다. 하지만 혈압은 잰다. 그리고 아기의 심장박동 소리를 듣는다. 그러면 15분 상담 시간이 끝난다.

어쩐지 허술하고 불안하지만, 불안한 마음을 잠재울 방법도 있다. 한 번은 조산사가 직접 집에 와서 진찰을 해주고 갔다. 한국에서라면 의사가 집에 오는 건 상상할 수도 없다. 그리고 내가 출산 준비에 관한 질문이 많아지자, 일요일에 집에 방문해 무려 두 시간의 상담을 해주었다. 이런 일대일 관리도 조산사니까 가능했지 싶다. 그리고 네덜란드 내 의료보험에 가입되어 있다면 이 모든 과정이 무료다.

출산 전에 검사하는 양수량, 골반 크기 대비 아기 머리 크기 측정, 탯줄 감긴 상태 체크도 없다. 질병 검사도 단출하다. 이 정도면, 너무 대충 아닌가 싶다. 그래서 자세히 물어보니, 그런 걸 하거나 검사한다고 딱히 달라지는 게 없으므로 안 하는 거라고 한다. 예를 들어 탯줄이 목에 여러 번 감겨 있다면, 출산 전에 바꾸거나 풀 방도가 없고 출산 중 조산사가 그 탯줄을 풀어 출산을 시킨다고 한다. 그리고 골반 크기와 아기 머리 크기를 대조하는 초음파 전문가도 없다. 대신 아기가 잘 안 나올 때의 프로토콜이 있다. 언제 의료진이 개입할지도 정해져 있다. 그러니 바꾸지 못할 골반 크기나 아기 머리 크기, 체중을 측정하는 게 무의미하다고 한다. 질병 검사도, 얼마나 많은 산모들이 특정한 병에 걸리고 또 그중 얼마나 많은 아기들이 그에 따라 문제를 가지고 태어나는지 따져서 다수에게 맞는 방법을 적용할 뿐, 필요하지 않은 처방이나 항생제는 권하지 않는다는 게 기본자세다. 상황에 따른 해결책이 준비할 유일한 것이다. 한국이 만반의 준비와 철저함과 표준화를 중시한다면, 네덜란드는 간소하다. 정말 필요한 것만 하고, 미리 걱정하지 말자는 것 같다. 네덜란드는 의료진이 부족하다던데, 그런 이유도 있는 게 아닌가 싶다. 괜한 것(?)이 늘어나면 정작 급한 환자는 보지 못할 테니까. 그래서 문화 차이랄까, 네덜란드 의료시스템은 '괜찮으면 괜찮은 거야'에 가깝다. 예방보다, 문제가 생기면 치료하자는 방식이다.

집에서 무통 주사 없이 아이를 낳아요

네덜란드의 출산 과정 역시 자연주의 우선이다. 이곳은 출산 장소를 집, 출산센터, 입원이 필요 없는 병실 중에서 선택할 수 있다. 입원이 필요한 병실은 출산 후 며칠을 보내는 곳으로 수술이나 응급처치가 필요한 게 아니면 갈 수 없다. 네덜란드의 경우 산모가 집에서 출산하는 경우가 꽤 있다. 내 주변에도 집에서 출산한 커플이 꽤 있다. 하지만 이야기를 들어보면 원래는 입원이 필요하지 않은 병실에 가려고 했는데, 어쩌다 보니 집에서 출산한 경우다. 요새는 무통 시술을 위해, 혹은 응급 사태나 만약을 대비해, 아무래도 의료진 가까이에 있고 싶어 하는 것 같다. 집에서 출산을 하면 마취 전문가가 없기 때문에 당연히 무통 시술도 불가능하다. 떠도는 말에 조산사가 집에서 낳기를 권한다고 들었는데 내 경우가 그랬다. 내가 첫째 아기를 낳을 때 진통이 막바지에 다다르자 내진한 조산사가 "원하는 대로 병원에서 낳으려면 지금 가야 한다. 집에서 낳을 수도 있다, 더 편하다. 병원에 갈 의료상황이 없다고 보인다"라는 말을 했다. 그때 정말 한순간 그냥 집 화장실 욕조에서(진통을 견디려고 물에 들어가 있었다) 낳을까 하는 생각이 스쳤다.

출산실도 최대한 편안하고 집 같은 환경을 만들기 위해 노력한다. 어둑어둑한 조명 아래에는 꽃 사진으로 도배된 벽도 보이고, 하물며 산모는 출산 중 피가 묻으니 낡은 티셔츠를 입고 오라는 제안을 받는다. 낡은 티셔츠를 입고 애를 낳는 곳이 네덜란드다. 나는 인생의 중요한 순간에, 아기를 처음 만나는 순간에 좋은 옷을 입고 싶다는 생각이었는데, 이런 생각은 한국인만 하는 건가?

어쨌든, 그런 편안한 환경은 의료진과의 호흡에서도 느껴졌다. 첫째를 병실에서 출산하려고 집에서 차까지 가는 길이었다. 몇 발자국밖에 안 되는데도 진통 수준이 당장 길에서 아기를 낳는 건 아닌가 싶을 정도였다. 그때 조산사 루빈이 내게 다가와 안아주며 같이 숨을 쉬어주었다. 이 몇 초의 순간이 정말 감동이었다. 병원 간호사나 의사에게는 기대하지 못할 일대일 서포트. 조산사가 '내진해도 될까요'라는 말로 허락을 구하고 두 시간마다 내진해주는 것부터 정말 기대 이상이었는데 말이다. 길에서 조산사 루빈을 부여잡을 때 '아, 내가 믿을 만한 사람들과 함께 출산을 겪고 있구나'라는 생각이 들고, 마치 엄마 품인 것처럼 외롭지 않고, 고맙고, 다시 걱정 없는 용기가 생겼었다.

자연주의가 우선인 나라인 만큼 아기와 산모의 유대에 득이 되는 기준은 많다. 모든 경우에 탯줄은 심박이 멈춘 후에 자른다. 아기를 품에 안고 심박이 느껴지는 탯줄을 잡는 건 경이로운 일이었다. 그리고 아기를 엄마 품속에서 스킨십할 수 있게(캥거루 케어) 출산 직후 한 시간 정도를 준다. 첫째의 경우에는 수중분만 후 태반과 탯줄 그리고 아기가 모두 연결되어 나온 하프 로터스(Half Lotus) 출산이었다. 아기는 세상에 나온 지 5~10분 만에 내 품에서 젖을 찾았다. 이 시간 동안 산모는 아기를 관찰하고 이해하고 아기에게도 엄마를 이해할 시간을 주는 것이다. 자연스레 모유 수유를 할 환경도 만들어지는 것 같았다(그럼에도 불구하고 모유 수유는 힘들었다). 그 후 남편도 아기를 안고 캥거루 케어를 한다. 엄마, 아빠와 시간을 보낸 아기는 간단한 검사를 받는다. 예를 들어 몸무게를 재고 아프가 점수를 잰다. 피 검사는 없다. 그래서 자기 혈액형을 평생 모르고 사는 사람도 많다.

출산 후 조산사는 네덜란드의 전통대로 남자아이면 파란 설탕, 여자아이면 분홍 설탕이 올려진 비스킷을 부부에게 건네며 탄생을 축하해준다. 하지만 병원에서 이 과자 이외에 다른 음식을 주지는 않는다. 원한다면 출산 가방에 직접 싸 가야 한다. 우리가 간 병원에서는 과자와 함께 음료수를 권해서 물하고 주스를 마셨다.

예상하다시피, 여기는 산후조리원 문화가 없다. 아기가 검사를 다 받고, 산모가 소변을 볼 수 있다는 것을 확인하면 출산한 지 약 두 시간이 된다. 그러면 바로 집으로 간다. 네덜란드에는 아이를 보살피는 것은 가정이, 노인을 보살피는 것은 국가가 한다는 기조가 있다는데, 정말 그런 것 같다. 아이도 산모도 다 건강하니 병원에서 더 있기보다 편한 집에서 쉬라는 거다. 이곳 사람들에게 집이 갖는 의미는 아주 큰데, 가장 편안하고 안전한 곳이 집이라 생각해 아마 산후조리원이 들어서도 출산 후 집으로 가고 싶어 하는 부부가 더 많지 않을까 싶다.

출산하는 당사자가 주체

겪고 나니 네덜란드의 출산 과정은 산모가 주체라는 생각이 들었다. 의료 시스템과 가능한 여건하에 조산원과 상담해서 더 필요한 것은 요구할 수 있다. 결국 애를 낳는 것은 임산부의 몫이고 조산원은 도와주는 역할이다. 난 임산부 '3대 굴욕(제모, 관장, 회음부 절개. 이곳에서는 하지 않는다)'도 다 하는 이유가 있고 필요하다고, 이곳 조산사에게는 '무의미'한 정보일지라도 산모로서 출산을 대하는 마음의 준비에 도움이 된다고 생각했다. 그래서 조산사와 상담하며 이런 부분에 대해 많이 토론했다. 네덜란드에는 네덜란드만의 방식이 있기 때문에 내가 '이기는' 토론은 아니었지만 걱정이 많은 내 마음을 전달하고 거기에 대해 이야기할 수 있다는 것 자체가 도움이 되었다. 출산실 방문, 임신성 당뇨 검사, 임신말기 소변 검사 등은 따로 요청해 받을 수 있었다. 나를 마치 극성 임산부처럼 바라보는 건 아닌가 했는데, 오히려 다른 문화에서 왔으니 이해한다고 해주어 고마웠다.

그리고 네덜란드에서는 임신 31주쯤에 출산 계획서를 쓰게 한다. 어떤 자세로, 누구와, 어떻게, 무통 시술을 어떤 방식으로 할 것인지, 주의 사항 등을 직접 적어 조산사와 상의한다. 이 출산 계획서는 그냥 종잇장이 아니다. 조산사뿐만 아니라 상황에 따라 의료진도 들여다볼 만큼 중요하게 취급한다. 이렇게 전문가의 조언과 함께 내가 스스로 결정하는 출산이어서 그럴까, 어느 순간 초산임에도 두려움보다는 잘될 거라는 마음과 기대가 더 커졌다.

찾아보니 우리나라의 영아사망률은 낮은 편에 속하는데, 여러 선진국, 그리고 네덜란드보다 낮다.[29] 그만큼 뭔가 잘되고 있다는 말이기도 하겠다. 옳고 그른 것도, 좋은 것 나쁜 것도 없다. 다만 이런 차이점 혹은 다양함이 임신, 출산, 육아에 관한 생각을 깊게 만들어준다. 아무 생각 없이 따라가지 않고 자

꾸 묻고 고민하니 공부할 것은 많지만 이런 것도 좋은 부모가
되는 과정이 아닐까 싶다.

집에 찾아오는 전문 육아 서비스

네덜란드에서 출산할 예정인 것을 알게 되자 한국의 지인들은 '어릴 때는 한국이 편하다, 도우미 아주머니 없이 어떻게 아이를 기를까 정말 힘들겠다, 어머니는 집에 산후조리를 위해 오시나', 이런 식으로 부담스러운 걱정을 많이 해주었다. 첫째가 신생아였을 때, 난 초보 엄마이니 당연히 사소한 것 가지고도 걱정이 많았다. 두혈종이 커서인지 황달기가 두 달이나 있었다. 황달 수치 체크를 위해 세 번이나 종합병원에서 피를 뽑아야 했다. 모유 수유는 역시나 힘들어 수유 시간에서 벗어나 침대나 의자에서 엉덩이를 떼고 벗어나는 게 소원일 정도였다. 아기는 오른쪽으로 머리를 돌려 눕는 걸 선호해 태어난지 한 달 만에 사두증이 심해졌다. 이렇게 산 넘어 산 같은 육아 중 끝없이 나는 잘하고 있나, 아기는 괜찮은가 하는 의문도 솟구쳤다. 그때마다 같이 고민하고 상담할 남편이 있어서 고마웠다. 그리고 종종 네덜란드의 육아 혜택이 좋다는 생각이 들었다.

아프리카 속담에 아이는 한 동네가 다 같이 기른다는 말이 있단다. 아기는 부부 둘이서만은 기르기 어려운 것 같다. 하지만 네덜란드에서는 시댁이나 친정의 도움은 간혹 베이비시터가 필요할 때 받는 정도이고 아기를 기르는 것은 부모의 몫이다. 그렇다고 독박육아는 아니다. 부부 두 사람이 같이 기르고, 필요할 때마다 무료로 도움받을 수 있는 전문 기관이나 전문가가 있다. 무엇보다, 아기와 관련된 일은 전문가가 집에 직접 방문한다는 게 정말 좋았다. 경험해보니, 갓난아기를 데리고 이 병원 저 병원 찾아가는 것도 고생인데, 이렇게 직접 방문해주고 언제든 전화로 상담이 가능한 곳이 있다니 너무 좋았다. 난생처음 갓난아기를 돌보며 내 몸을 추스를 때, 무엇보다 혼자가 아니라는 게 얼마나 큰 위로인가.

아기/산모 간호사의 가정 방문 서비스 '크람조그(Kraamzorg)'
: 생후 일주일, 무료

어떻게 보면 우리나라의 산후조리원 같은 개념이긴 하다. 그러나 전혀 호캉스 같지 않고 병원에서 출산 후 퇴원하면 집으로 찾아오는 서비스다. 하지만 그만큼 집에 적응하기 쉽고 자연스레 모자 동실이 가능해서 아기를 관찰하며 이해하는 것도 훨씬 쉽다는 장점이 있다. 이곳의 엄마들은 처음 맞이한 크람조그 간호사가 평생 기억에 남는다던데, 나도 그랬다. 아기는 어떻게 보살피는지 배우는 것은 물론 아기의 상태와 산모의 건강 회복 정도를 살펴봐주고 어질러진 집안일도 도와

준다. 이 역시 자기의 생각을 밀어붙이는 게 아니었다. 가르친 다기보다는 알려주는 방식이고, 무엇보다 부부가 원하는 방식대로 해준다는 게 정말 좋았다. 사소한 집안일 중 도와줘서 고마웠던 게 양파 썰기, 고구마에 포크를 콕콕 찍은 후 오븐에 넣어 구워주기, 매일 빨래해주기, 이불을 이틀에 한 번씩 갈아준 것 따위이다. 이 간호사가 가사를 너무 쉽게 하는 걸 보고 우리도 몇 개 배워서 따라 하고 있다. 그리고 수유 전문가를 추천해줘 상담을 받는데, 흘러내린 내 머리카락을 올려주고 담요를 가져다주는 등 정말 맘 따뜻하게 챙겨주어서 감동이었다. 세 가족의 사진도 찍어주고 가끔 아기를 전담으로 돌봐 부부가 낮잠을 잘 수도 있게 도와주었다. 이렇게 적고 보니 우리 크람조그 간호사였던 마야는 역시 여러모로 우리의 정신적, 육체적 서포터였다.

그리고 간호사가 오는 시간은 오전부터 오후까지 최대 8시간이라, 아기가 울어대는 밤에는 부부 스스로 해결해야 했다. 그것도 나쁘지 않은 것 같다. 그렇게 아기를 경험하고 배워가는 거지 싶고. 아기가 태어나고 우리가 병원을 나선 시간은 밤중이었는데, 그때는 크람조그 서비스가 없어서 첫 밤은 우리끼리 보냈다. 우리의 출산을 도운 조산사 루빈이 "아니 그럴수는 없다, 어떻게 처음으로 부모가 된 사람들을 혼자 내버려 둬"라며 전화까지 해주었지만, 영업시간(?) 이외라 별수 없었다. 하지만 걱정과는 달리 갓 태어난 아기는 첫날 엄청나게 잘

잤다. 간호사 서비스는 일주일뿐이고 더 연장할 수도 없다. 아쉽고 고마운 마음을 담아 마야가 떠날 때 빼곡히 적은 감사 카드와 커다란 꽃다발을 준비했다. 그리고 아기가 일주일이 지나 드디어 기다리던 첫 황금 똥을 쌌을 때 무려 사진을 찍어 톡을 보낼 만큼 가까워졌다. 세 가족의 첫출발을 도와주는 이 서비스는 넘치지도, 부족하지도 않다. 특히 처음 부모가 되었을 때 할 수 있다는 자신감과 독립심도 길러주고, 합리적이고 효율적인데도 정이 많다고 느꼈다.

청력검사와 피검사를 위한 청소년 건강관리소의 가정 방문
'육드흐존드하이드조그(Jeugdgezondheidszorg, JGZ)'
: 생후 일주일 이내, 무료

출산 후 신생아실로 아기를 옮겨 바로 여러 검사를 하는 우리나라와는 다르다. 출산 직후 조산사가 간단한 검사를 하고 나면, 우선 퇴원 전 체크는 다 끝난다. 아기가 부모와 떨어지지 않는다는 게 난 좋았다. (아기가 바뀌는 드라마는 절대 없겠지 싶다.) 그리고 태어난 지 삼사일 후에는 청력과 발꿈치 피검사를 한다. 다른 담당자가 집에 직접 와서 진행했는데, 간호사마야랑 숨을 멈추고 청력검사 결과를 기다리는 그 몇 초 동안 얼마나 가슴을 졸였던지. 집에서 할 수 있어서 좀 덜 떨렸던 것 같다.

조산원의 산모 검진 및 아기 체크 서비스

: 출산 후 6주간, 무료

임신과 출산을 관장하는 조산원은 1주일에 한 번씩 내진을 오거나, 전화로 상태를 상담해준다. 우리가 가지고 있던 많은 질문에 의료상의 답변은 크람조그 간호사가 아니라 조산사가 해줄 수 있었다. 조산사는 크람조그 간호사에게 경과나 차도를 전해 듣고 앞으로 무엇이 필요한지, 어떻게 할 것인지 의논해 알려준다. 아기 오줌이 주황색이 되고 몸무게가 잘 안 늘 때는 조산사 샤를로트의 제안대로 모유 수유 중 분유 보충을 하기도 했다. 마지막 검사는 간단한 대화로, 어떻게 지내고 있는지 그리고 복근의 벌어짐을 체크하는 정도로 끝난다.

산모와 아기의 질병이나 건강상 문제를 관할하는 가정의

: 출산 6주 후, 무료

난 출산 후 감기에 지독하게 걸려서 고생했다. 기침이 너무 심해서 갈비뼈가 아팠는데 뒤돌아 생각하니 모유 수유 때문에 더 아팠나 보다. 그때 의사가 폐렴으로 진행됐는지 보려고 직접 내진을 왔다. 정말 옛날 영화에서나 보던 건데… 바쁜 의사가 집에 직접 오다니. 정말 고마웠다.

아기의 전담 검진부 '컨설타치뷰로(Consultatiebureau)'
: 무료

컨설타치뷰로는 들어가면 오직 아기랑 부모들만 갈 수 있는
비밀 클럽 같다. 여기저기 놓인 장난감, 안내서, 부모들이 기증
한 중고 옷과 장난감들이 눈에 띈다. 소아과에서는 질병만 담
당하고, 이곳에서는 아기가 잘 자라는지 지표가 되는 키, 몸무
게, 머리둘레 등 발달 상태를 검사하고, 의사나 간호사가 간단
한 질의응답을 통해 성장을 관찰한다. 백신 접종도 이곳에서
한다. 0살에서 4살까지 이곳에서 아기들을 가까이에서 보는
거다. 컨설타치뷰로에서는 생후 한 달이 되기 전 두 번 정도
집에 직접 와서 아기의 몸무게를 재고 상태를 체크해주었다.
그리고 한 달째에 처음으로 우리가 직접 아기를 데리고 갔다.
네덜란드 의료 시스템은 예방보다 치료가 중심이지만, 아기들
은 예방이 먼저라고 한다(당연히 어떤 질병이든 그래야 하지 않나
싶지만). 그래서 이런 시스템이 있나 싶었다. 모든 부모가 정기
적으로 방문하고 체크할 길을 마련하는 거다. 그리고 컨설타
치뷰로는 언제든 전화를 걸어 간단한 상담을 할 수 있다. 어느
날은 아기가 가스 때문에 밤에 잠을 잘 자지 못해서 전화를
거니 찍찍이를 이용한 아주 단단한 속싸개를 추천했다. 무료
로 빌려준다며 간호사가 집에 와서 속싸개 사용법을 알려주
고, 30분간 상담도 해주었다. 그리고 그 속싸개를 매면서 잠버
릇이 많이 나아졌다. 아니 이렇게 소소하게 친절할 수가! 인건

비도 비싼 나라라 4시면 카페 문도 닫고 커피 한 잔 팔지도 않는데 이런 맞춤형 간호사의 도움이 있다니. 정말 놀라웠다.

거기에 더해 원한다면 검진소 소관의 프로그램에 가입해 1년에 4번 정도 두 살 때까지 집에서 부가 상담을 받을 수 있다. 육아 스트레스부터 아이 기르는 팁까지 다방면으로 상담을 제공한다. 마리엘레가 우리 간호사였는데, 그녀에게 톡으로 바로바로 궁금한 것을 물어볼 수 있었다. 이유식, 수유, 잠버릇, 비행기 탈 때 팁, 피부 문제, 훈육법까지 정말 다양하게 물어봤다.

그리고 필요해서 따로 상담받은 전문가는 아래와 같다.

수유 전문가: 들어놓은 건강보험에 따라 비용 일부 공제

산전 1회, 산후 3회 상담을 받았을 만큼 '완모'의 길은 쉽지 않았다. 수유 전문가는 집에 와서 직접 수유하는 것을 보고 상담을 해주었는데 도움이 많이 되었다. 나는 들어보지도 못한 아기를 똑바로 세워 안는 '콩코드 자세'로 수유 자세를 바꾸어 주기도 했고, 수유 간격을 늘리는 특별책으로 울게 내버려두는 방법도 배웠다. 덕분에 마사지 없이 젖 양도 늘고 아기의 몸무게는 폭풍적으로 늘었다.

아기 물리치료사: 무료

아기가 한쪽으로 머리를 두는 것을 선호한다 하니, 컨설타 치뷰로에서 제안한 해답은 물리치료를 받는 거였다. 그때 이미 머리가 한쪽으로 많이 눌려 있었다. 추천받은 물리치료사는 아기 전문이었는데, 2주마다 집에 와서 아기의 상태를 체크하고 우리가 해야 할 일을 알려주었다. 한 시간가량 아기의 목 근육을 체크하고 발달 상황을 봤다. 그래서 받은 숙제는 옆으로 눕히기, 터미타임(아기가 배로 엎드려 있는 시간) 많이 가지기, 기저귀 교환대를 몸의 정면을 향해 두기, 돌려 안기 등, 아기에게 가운데를 가르치는 것과 오른쪽을 선호하지 않게 도와주는 것이었다.

네덜란드에서의 초창기 육아는 이런 다양하고 많은 전문가의 도움으로 어찌어찌 해낼 수 있었다. 그렇다고 덜 지치는 건 아니지만, 걱정은 좀 덜 하고 사는 것도 같다. 한 가지 문화적인 차이는, 우리나라에서는 50일 전까지는 아기 외출도 삼가고 집에 사람들이 방문하는 것을 꺼리는데, 여기는 사람이 너무 많은 곳은 자제하라고 하지만 적당한 노출은 권장한다. 그래야 면역력이 생긴다는 논리다. 그래서 이렇게 10명이 넘는 전문가가(정확히는 13명) 집에 방문하는 게 가능한가 보다.

네덜란드에서 육아휴직을 보내며

아기를 돌보는 게 익숙해지니 슬슬 회사를 어떻게 할지 고민됐다. 길었던 고민의 과정은 어떤 가족을 꾸리고 싶은지, 나는 어떤 엄마이자 어떤 사람이 되고 싶은지 짚어보는 꽤 중요한 시간이었다. 그리고 다른 곳이 아닌 네덜란드에서 이런 고민을 한 것은 행운이었다. 여러 가지 방법이 있고 다양한 본보기들이 있어서다. 직장이냐 육아냐, 둘 중 하나를 골라야 하는 흑백의 선택지가 아니었다.

네덜란드의 출산휴가는 별로 놀랍지 않다. 2023년 기준으로 임금이 100% 나오는 휴가는 법적으로 여자는 4개월, 남자는 5일이다. 이 나라는 왜 이렇게 일을 좋아하는 걸까? 공휴일도 적고, 대체공휴일도 없고, 출산휴가도 박하고. 우리나라와는 달리 아기를 키우는 데 주는 보조금도 없고 이유식부터 전문가에게 맡길 수 있는 편리함도 없다.
네덜란드 육아휴직은 시간제이다. 시간제 고용자를 고려했다는 생각이 든다. [26×일주일 일하는 시간]이 출산 후 8년간 쓸 수있는 법적 최소 시간이다. 예를 들어 일주일 40시간 근무하는 경우라면, 총 1040시간을 아이가 8살이 되기 전에 육아휴직으로 쓸 수 있다. 쉽게 생각하면, 만약 일반 회사에서 풀타임 근무하는 경우에는 26주의 휴직이 가능하다. 1년이 52주니까, 그 반이다. 6개월의 육아휴직을 8년간 나누어 쓰라는 것이다. 유급휴가의 경우 첫 9주간 나라에서 정한 최대 보조금의 70%를 받는데, 이는 아이가 1살이 되기 전에 써야 한다. 한 가지 좋은 점은 대부분의 경우 직원이 원하는 대로 쓸 수 있다는 점이다. 나는 일주일에 한 번 회사에 가고 나머지는 육아휴직을 쓰겠다는 파격(?) 제안을 했다. 매니저나 인사과는 수용하는 게 대부분 관례다. 우리나라의 육아휴직 기간은 1년이고 처음 3개월은 80%, 다음 9개월은 50%의 유급이라는 점에 비하면 정책상으로는 네덜란드가 결코 더 좋지 않다.

그럼에도 네덜란드 사람들이 우리나라 사람들보다 아이를 더 많이 낳는 데에는 세 가지 큰 이유가 있는 것 같다. 하나는, 아이 키우는 걸 심플하게 하기 때문이다. 자연주의 임신과 출산처럼 육아에 대한 방식도 참 다르다. 모성=교육이라는 개념 대신, 3R(Rust, Regelmaat, Reinheid)을 강조한다. 휴식(Rust), 규칙성(Regelmaat), 청결함(Reinheid)이 육아의 기본이다. 많이 놀게하고, 시간표대로 살고, 깨끗이 해주면 된다. 또 하나는 좀 일찍 퇴근해서 아이를 어린이집에서 데려오거나 재택근무를 하면서 직장을 유연하게 다닐 수 있어서가 아닐까 싶다. 경력단

절이라는 말도 없다. 보통 직장을 그만두어도 원한다면 시간 제나 프리랜서로 다시 일을 시작하기 쉬운 편이다.

마지막은 자전거로 대표할 수 있는 독립적인 유년시절이다. 네덜란드 아이들은 자전거를 타고 스스로 등·하교를 하고, 친구를 만나고 방과 후 활동을 다닌다. 10살만 되어도 부모의 개입 없이 자신의 일과를 도맡을 수 있는 것이다.

몇몇 선배 엄마들에게 물어보았다. 경력과 아이를 기르는 것에 대해 어떻게 생각하는지, 어떤 결정을 해왔는지 말이다. 미숙아 쌍둥이를 낳고도 기본적인 출산휴가 6개월 후 바로 직장에 복귀한 그녀는 자신이 '페미니스트라고 해야 할까' 하며 운을 뗐다. 자신도 남자들과 같은 교육을 받고 취직했는데, 엄마가 됐다고 그걸 놓아버리기 싫었다고 했다. 그리고 네덜란드에서 흔한 주 4일 근무를 했다. 하루는 아기들을 돌보고 4일은 일을 하는데, 남편도 4일 근무라 아기들은 어린이집에 3일만 간다. 하지만 주 4일 근무를 하고 하루를 집에 있어도, 회사에서 원하는 일의 양과 노동에 대한 기대치는 특별히 줄지 않았다고 한다. 그래서 고단한 회사 생활에 더 큰 회의를 느껴 지금은 자기 사업을 하고 있다. 내 지인인 헤드헌터는 다른 네덜란드 여성들의 경험을 나한테 이야기해주었다. 어떤 여성 리더는 무조건 1년은 쉬라고 한다고 하고, 또 어떤 이는 5년을 쉬라고도 하지만, 미래에 자신의 가족이 원하는 것이 무엇일지 (예를 들어 아이들에게 어떤 교육을 시킬 것인지, 어떤 라이프스타일을 갖고 싶은지 등) 생각해본 다음에 그 전략에 맞추어 계획을 짜라는 조언을 해주었다.

여러 사람의 경험을 들어보니, 모두 가족이라는 우선순위를 두고, 자아실현의 욕구가 절충되는 방법을 시간을 두고 결정한 것 같다. 그 모든 과정에 파트너의 든든한 지원과 도움이 있었던 것도 느껴졌다. 새로운 도전을 한 엄마들 이야기를 들어보니 아기와 함께 인생이 바뀌었듯, 과거의 공식이나 경험만을 바탕으로 자신에게 한계를 정해두지 않는 게 중요하구나, 곱씹어본다. 물론 다양한 선택지가 있어서 가능한 일일지 모른다.

마가린 바른 빵이면 이유식 땡

남녀노소가 체격이 크고 좋은 편인 네덜란드 사람들의 아침은 뭘까? 간단하게 빵 두 쪽이다. 그럼, 점심은 뭘까? 똑같이 빵 두 쪽이다. 우리가 생각하는 탄수화물·단백질·지방으로 균형 잡힌 식단이나 보기만 해도 즐거운 푸짐한 한 끼는 저녁으로만 먹는다. 그리고 따뜻한 음식은 저녁에 한 끼면 충분하다고 한다. 음식은 에너지를 보충해주는 연료일 뿐이지 그 이상도 이하도 아니라는 생각이다. 먹을 것에 신경을 쓰지 않으니 좋은 점도 많은 것 같다. 살도 안 찌지, 뭐 먹을까 궁리하지 않아도 되지, 식비 굳지….

지독한 식문화 미니멀리스트인 네덜란드 사람들을 알게 되면, 건강과 음식의 상관관계에 대해 다시 생각해보게 된다. 대부분의 어린이집에서는 점심으로 샌드위치만 준다. 네덜란드 친구에게 어릴 때 채소는 캔에 든 것만 먹었다는 이야기를 듣고는 학대받았다는 이야기처럼 느껴져 깜짝 놀라 가슴이 벌렁거렸다. 키가 큰 남편이 한창 성장기 때에 식빵에 초콜릿 스프링클을 뿌려 간식도 아니고 점심으로, 그것도 직접 만들어 싸

갔다고 했을 때는 세상이 불공평하다 싶었다. 나도 식빵에 초콜릿 스프링클 잘 먹을 수 있었을 텐데 싶어서는 아니고 먹는 걸 떠나 키는 유전이구나 싶어서다. 달콤한 케이크는 누구 생일일 때 한 달에 한 번 정도만 먹으면 충분하다고 네덜란드 지인이 그러더라. 매일같이 식후땡으로 커피에 케이크 한 조각 시키는 요새 우리나라 카페 문화랑 너무 다르다.

　다수의 네덜란드 사람이 뭘 어떻게 먹든 이제는 초연해져서 나는 그냥 우리 가족의 식문화 안에 살고 있다. 특별히 한국적이지도, 네덜란드적이지도 않고 그저 국적 없이 편리와 영양소에 신경 쓴 식사를 한다. 그런 만큼 이제 이유식을 제법 먹는 아기에게 무엇을 주어야 할까는 새로운 고민거리가 되었다. 사실 아기가 먹는 식단은 내가 먹는 식단보다 더 영양이 풍부해 보인다. 삼시 세끼 초록색(예를 들면 완두콩), 노란색(호박), 주황색(당근), 빨간색(토마토), 흰색(잣죽), 갈색(소고기) 혹은 분홍색(연어)이 조르륵 담긴 그릇을 보며 잘 먹어주기를 바란다. 탄수화물·단백질·지방과 과일과 채소를 생각하고 단거 좋아하는 입맛을 생각하고, 손질하고 요리하고 냉동하고, 식단 생각해 해동하고 데우고, 노래를 부르거나 숟가락을 바꾸거나 하면서 온갖 수단을 동원해 아기가 밥을 먹게 하는 게 일과다. 나뿐만 아니라 이유식을 고민하는 모든 초보 엄마 아빠가 그럴 것이다. 조금 더 노력해 더 많은 영양분과 열량을

섭취하게, 그래서 신체가 건강해지게 도와주고 싶은 마음 아닐까.

우리나라에서 식기세척기가 보급이 잘 안되는 진짜 이유는 설거지라도 직접 해야 한다는 엄마들의 모종의 강박, 책임감 때문이라고 한 마케터가 말해줬다. 정성이 들어간 엄마표 아기자기 예쁜 도시락, 아기용 유산균을 비롯해 키까지 크게 해준다는 온갖 영양제. 이런 걸 생각해보면 엄마들의 노력과 이를 더 부추기는 영유아 식품산업이 꼬리에 꼬리를 물며 강박 같은 책임감을 더 키우는 건 아닌가 싶다. 반면 네덜란드의 권장 사항을 읽다 보면 이 복잡한 이유식이 너무 쉽게 풀린다. 초절정 음식 미니멀리스트 어른들처럼 아기들도 먹는 것이 심플하다. 노력은 최소로, 영양은 (그들 생각에) 최대로 하는 가이드 아닐까 싶다.

처음에는 놀랐지만 이유식이 어려워질수록 쳐다보게 되는 네덜란드식 9개월 아기 음식.[30] 소개해 본다.

빵이 최고야

우리나라가 주식인 쌀로 이유식을 시작하듯, 이곳은 빵으로 시작한다. 맞고 틀리고, 뭐가 좋고를 떠나 그냥 문화의 차이이다. 물론 이곳의 빵은 덜 달고 건강하게 만들어지는 편이다.

빵이 하루 두 끼

어른이 먹는 것처럼 아기들도 아침에 빵, 점심에 빵. 뭘 곁들이는 게 아니고 그냥 빵이다. 아침 점심으로 밥만 한 공기씩 먹는 것과 비슷하다고 보면 될까?

빵에는 마가린을 발라서

아, 곁들이는 게 있다. 살면서 사본 적이 없는, 트랜스지방으로 악명 높은 마가린… 마가린이 아기 성장에 필요한 지방을 주어서라는 게 이유다. 난 영양 전문가가 아니지만 이것만큼은 패스다. 아니면 땅콩버터를 발라주라니, 우리 아기는 마가린 대신 땅콩버터다.

슈퍼에서 사는 빵이면 오케이

사워도우, 아티잔, 홈메이드 전혀 상관없이 그냥 폭신폭신한 빵이면 된다. 아기에게 크러스트를 떼고 주라는 이야기는 있어도 첨가제 확인하라는 내용은 없다. "빵을 얼마나 먹는다고? 얼마 못 먹던데…" 하니까, 모유나 분유에 적셔 눅눅하게 주라는 조언을 들었다. 내가 생각할 수 있는 가장 건강한 빵 사워도우를 사 먹여보니, 눅눅하게 하는 게 잘 안되더라. 빵이 별로면 물에 바로 풀어지는 쌀가루나 비스킷을 주란다.

간식은 과일을 주면 된다. 그리고 저녁은 영양소 잘 잡힌 음식을 준다. 9개월 후면 한 텀은 물배를 채워 젖이나 분유를 덜 먹인다. 좋은 쪽으로 생각하면 획기적이다.

이대로 하면 너무 쉽지 않을까?

이유식 뭐 대충 해도 되지 않을까?

엄마가 지치지 않으려면 육아도 쉽게 해야 하지 않을까?

…그런데 그래도 될까?

이런 초간단 네덜란드식 방법은 내 생각을 조금씩 바꾸었다. 그래서 어느 날에는 맛있어서 줄을 서서 사 먹는 프렌치 제과점에서 산 빵을 아기에게 주었다. 슈퍼에서 아기용 빵을 파는 것도 아니고, 아기만 준다고 맛없는 빵을 사기도 그렇고. 엄마 아빠 것처럼 토스트에 버터를 발라 한 조각 주니까 오물오물 혼자 잘 먹었다. 옷이며 턱이 음식물에 젖지도 않고 아주 편했다. 하지만 역시 많이 먹지는 않아서 직접 입에 넣어주었다. 그리고 점심부터는 다시 채소랑 고기로 영양을 보충해줘야겠다는 생각이 스멀스멀 고개를 들었다.

아이마다 달라요(그러니 비교 마세요)

네덜란드인인 남편의 학창 시절, 부모님 말고는 자신의 성적표를 본 사람이 없다고 했다. 성적이 좋든 나쁘든, 남매들 사이에서도 성적을 공유하지 않았단다. 성적표가 좌악 출력되어서 학교 정문에 붙던 나의 중학교 시절이 떠오르면서 참 다르게 컸다는 생각이 들었다.

네덜란드에서 아기를 기르면서 많이 듣는 이야기가 "아이마다 달라요"다. 네덜란드어로는 "Ieder kind is anders(이더러 킨드 이스 안더스)"다. 예를 들어 모유 수유가 힘에 겨워 수유 전문가에게 이렇게 자주 먹는데 어떻게 하면 좋냐고 물으면 "아이마다 다른걸요", 남편의 부모님과 기고 앉는 시기에 대해 이야기하면 "아이마다 다른걸", 엄마들 커뮤니티에 아플 때 뭘 먹이면 좋겠냐 물으면 "아이마다 다른걸요", 이런 식이다. 아이마다 다르니 비교 말자, 아이만의 성장 과정과 호불호를 존중해주자는 뜻이다. 이렇게 기준이나 비교치를 찾지 않고 아이를 보는 게, 부모의 마음을 편하게 하는 효과도 있는 것 같다. 그리고 무엇보다 아이가 스스로를 이끄는 힘을 믿어준다는 장점도 있다. 이 나라에서는 개인주의가 중요한 만큼, 개성과 개개인의 특별함이 육아에도 아주 중요하다는 걸 느낀다.

이런 시[31]도 있다.

아이는 바람에 나는 나비와 같아요.

한 나비는 높이 날고, 다른 나비는 낮게 날아요.

하지만 나비마다 자신의 방법대로 날아요.

삶은 경쟁이 아니에요.

아이마다 달라요.

아이마다 특별해요.

아이마다 아름다워요.

Een kind is als een vlinder

in de wind

De ene vliegt hoog,

de ander lag,

maar ieder doet het

op zijn eigen manier

Het leven is geen competitiestrijd

Ieder kind is anders

Ieder kind is special

Ieder kind is mooi

참, 이 시는 읽을 때마다 눈물이 난다. 물론 내 아이가 내게는 가장 특별하지만, 세상의 모든 아이가 다 특별하고 아름답다는 게 맞는 말 같아서. 그런 모든 아이들이 다 사랑을 받고 행복하고 건강하게 자라면 좋겠다. 특히 삶은 경쟁이 아니라는 시구가, 아주 딱 맞다. 자식을 견주는 이유는 남보다 더 뒤처지나, 더 잘났나 비교하기 위해서 아닐까. 정해진 성공의 공식을 따라 자식이 크기를 원하다 보니 다른 아이와 비교하지 않을 수 없겠지.

　남편과 학창 시절에 관해 이런저런 이야기를 하며 유모차를 끌며 산책하는데 시기적절하게 이런 현수막이 붙어 있다. "모든 아이가 다 의사나 변호사가 되지 않습니다. 당신 아이들에게 손을 써서 일하는 것과 멋진 것을 짓는 게 괜찮은 거라고 가르치세요." 건설사의 광고였다. 이곳도 건설 용역을 하려는 사람이 적은지, 이렇게 현수막도 걸어둔 것이다. 어느 나라를 가든 자식인 만큼 욕심이 나는 게 부모 마음인가 싶다. 그래도 개개인의 특별함이 이렇게 중요한 네덜란드니, 나도 아이만의 고유성에 집중하려고 해본다. 네덜란드 아이들이 행복한 이유 중 하나는 비교가 터부시되어서일지 모르니.

사진 한 장 보내는 네덜란드 어린이집

아기가 7개월이 되고는 네덜란드의 어린이집에 보냈다. 얼마 전 아기를 어린이집에 맡기고 오랜만에 남편과 암스테르담 데이트를 하고 보니, 이곳의 어린이집에 관해 쓰고 싶어졌다. 아직까지 나는 네덜란드 어린이집에 만족한다. 선생님들도, 기관의 방식도. 한 살도 안 된 아기를 기관에 맡기는 게 감정적으로 어려웠지만 바로 너무 잘 노는 아기를 보니 섭섭하면서도 받아들이게 되었다. 젖병 거부가 있어서 처음에는 굶고 올까 조바심도 났지만, 이제는 마음 놓고 보낼 수 있다. 내가 아기를 보내는 곳은 기업형 어린이집의 한 지점이다. 이곳저곳 조사해보고, 사전에 방문해보고, 물어보고, 대기를 넣은 지 약 1년 후에 자리가 났다. 이곳뿐만 아니라 네덜란드 전역에 선생님들이 부족해서 대기가 길다. 네덜란드의 어린이집은 하루에 약 125유로 정도이다. 소득에 따라 국가에서 지원금이 나온다.

내가 사는 동네에는 오래된 맨션이 많아 샹들리에가 달린 으리으리한 건물을 어린이집으로 쓰는 경우가 종종 있다. 방이 여러 개라 어린이집에 가는 나이인 0세부터 4세까지 나이별로 반을 나누어 쓰기 편하다는 장점이 있어서인지도 모르겠다. 부모로서는 멋진 곳에 아기를 맡긴다는 기분에 뿌듯해지기도 한다. 하지만 처음 방문했을 때부터 감내해야 했던 문화 차이가 있다. 우선, 사람들이 바깥에서도 신는 신발을 신고 아기들이 기어다니는 곳을 다닌다. 사전 방문할 때 넌지시 물어보니, 비 오는 날에는 실내화를 신기도 하지만 적당한 더러움은 아이들한테 좋다고 이야기한다. 처음에는 그게 싫었는데 모든 어린이집이 다 그러니 어쩔 수가 없다. 신기하게도 이제는 신경 쓰지 않게 되었다. 마룻바닥이 별로 더럽다는 느낌을 받지 않아서인지도 모르겠다. 그리고 높은 계단! 부모들이 아기를 안고 오르락내리락해야 한다. 처음에는 아기를 안고 안전문을 여닫고 계단 올라가고 내려가는 게 어색했다. 그리고 장난감, 안 닦는 것 같다. 빨고 무는 장난감이 침 범벅이 된 것 같은데 아무래도 자연 건조(?) 외에는 아무것도 하지 않는 것 같다. 우리 아기가 문 쪽쪽이를 다른 아기가 빼 자기 입에 넣자, 선생님이 "그건 ○○이 쪽쪽이야"하며 입에서 빼 다시 우리 아기 입에 바로 넣어주었다. 좀 더러워야 건강하다는 건지, 왜 어린이집이 감기의 온상인지 알게 되었다. 그래서인지 감기를 비롯한 대부분의 질병에 상관없이 등원할 수 있다. 내 아기를 보호하기 위해 누가 어떤 질병이 있는데도 등원한다는 걸 사전에 알 수 있겠냐고 물으니 그런 건 없단다. 이곳은 수두

백신이 의무가 아니다. 오히려 자연스럽게 수두에 걸려야 사회 전체에 이익이라고 하니, 되레 수두 걸린 아이가 등원하는 게 맞다고 생각할 것 같다.

만 1세 이후에도 발달을 위한 프로그램이 딱히 없는 것도 특이하다. 많이 놀리고, 밖에 나가고, 가끔 그림 그리기 같은 수공예를 시키는 게 전부다. 외부강사 초빙, 영어·수학, 하물며 알파벳도 가르치지 않는다.

소식 업데이트는 하루 한 번이다. 사진 한 장에서, 많게는 한 번에 찍은 서너 장이 그중 하나. 그리고 하원할 때 일과표 한 번. 남편과 데이트하고 아기를 데리러 갈 때까지 일과표도 없이 사진도 딱 한 장 받았다. 처음 적응 기간에는 한시도 핸드폰을 가만히 두지 못하고 이제나저제나 사진을 기다렸고, 혹시 아기가 보채니 데려가라고 전화가 올까 불안했다. 중간중간 앱으로 선생님께 문자도 했다. 지금은 이 뜨문뜨문 없다시피 한 업데이트가 익숙해졌다. 무소식이 희소식, 그럭저럭 잘 있겠지, 믿고 있다. 그러다 보니 아기가 어린이집에 가 있는 동안은 일에 집중할 수 있어 나름 육아에서 휴식을 갖게 된다.

내가 보내는 곳이 마음에 들었던 이유는 우선 기본적인 것에 신뢰가 가서였다. 누가 어린이집의 역할은 우선 아이를 안전하게 지키는 일이라 한 말이 종종 떠오른다. 아기를 직접 보지 않으면서 내가 보듯이 봐달라고 하는 건 말이 되지 않겠지. 안전하면 그 외는 덤인 것도 같다. 이 어린이집을 계약할 때 읽어야 할 서류가 집 계약할 때만큼 많았다. 그만큼 철두철미해 보이고 기업형이니 시스템도 잘 구축되어 있다고 생각했다. 여기는 기업형 어린이집이 대부분이다. 베이비시터나, 오페어(입주보모), 아니면 개인이 자신의 집에서 아이를 돌보는 방식의 위탁이 있다. 네덜란드인 선생님들도 다정하다. (예뻐하는 마음으로 아이에게 뽀뽀도 해주는데 좋으면서 이상한 기분은 부모만 알겠다.) 또 아기반은 일과 없이 아기들 일정에 맞춰준다는 점이 마음에 들었다. 자신들의 교육 철학도 있어 장난감도 둥글고 나무로 된 것을 주로 고른다. 채광과 환기 상태가 좋고 좀더 크면 밖에서 뛰어놀 공간도 있고, 따뜻한 점심을 준다. 일반적인 네덜란드 어린이집에서 점심으로 샌드위치를 주는 것에 비하면 난 더 좋다. 생각했던 것보다 네덜란드의 어린이집, 나쁘지 않다.

내돈내산 네덜란드 육아용품

한국에서 베이비페어를 갔을 때다. 우리나라의 거대한 육아 산업에 큰 기대를 품고 저렴한 가격에 서비스 좋은 페어에서 필요한 모든 물건을 살 생각에 부풀었다. 그래서 한국 가기 전부터 벼르다, 준비 땡! 하는 기분으로 입성했다. 하지만 막상 가본 베이비페어는 기대와 조금 달랐다. 특별히 크지도 않고, 물건도 다양하지 않아서였다. 넓은 자리를 차지한 카시트와 유모차 전시장이 대부분 유럽 용품이라서 좀 놀라기도 했다. 유럽에서는 한국 물품이 더 좋은 것 같았는데 말이다. 몸에 맞는 임산부용 옷을 구할 수 있어서 좋았지만, 조금 아쉬움이 남았다.

아기에게 배겨 불편할까 봐 옷의 라벨을 안에다 붙이지 않고 밖에다 붙이고, 심을 밖으로 뒤집는 정성스러운 나라가 우리나라 말고 또 있을까 싶은데, 요새는 유럽 용품이 더 인기인가. 아무래도 친환경이나 안전성에 있어서 유럽이라는 이름이 신뢰를 주기 때문일까?

한 번은 아기 옷을 사려고 폭풍 검색을 하는데, 어떤 네덜란드 아기옷 웹사이트에 '코리안' 의류 카테고리가 있었다. 아무 것도 없이 비어 있었지만, 우리나라 아기 옷도 적절한 브랜딩을 통해 수출이 가능할 것 같다. 하지만 막상 우리나라 백화점에 가보면 유럽을 내세운 아기 옷들이 많다. 모두 남의 떡이 더 커 보이는지.

내가 여태까지 써본 육아용품 중 만족스러운 네덜란드 브랜드를 정리해본다. 적다 보니 창의적이고 디자인에 뛰어난 네덜란드 사람들의 특징이 보이기도 하고 역시 기술에 능한 네덜란드 사람들의 이과성 문제 풀기 국민성이 보이는 것도 같다.

맥시코시(Maxicosi, 현지 발음으로 '막시코지'에 가깝다)

대일밴드처럼 브랜드명이 제품명이 되는 경우가 종종 있다. 카시트 브랜드인 맥시코시가 그렇다. 여기서는 맥시코시가 카시트를 일컫는 단어가 되었다. 육아책에서도, 병원 관계자도, 맥시코시를 준비하라고 한다. 이 정도면 국민 카시트다. 요새 카시트에 대해 검색 안 해보는 부모는 없을 것이다. 아무리 대명사가 된 맥시코시라고 해도, 우리 차에 맞는 건 뭔지, 더 안전하고 아기한테 편하고 편리한 것은 무엇인지 검색을 많이 했다. 그래서 고른 게 맥시코시의 360도 회전 가능한 모델이다. 다른 제품은 써보지 않아서 비교가 어렵지만 믿고 쓰는 부분이 있다. 카시트뿐 아니라 유모차나 아기용 간이침대도 만든다. 이 브랜드의 간이침대도 잘 썼다. 안전하고, 수납이 잘 되고, 조립이 쉽고, 튼튼하고, 디자인이 깔끔하다. 네덜란드 제품들이 그런 것 같다. 실용적이고 사용자를 고려한 디자인이면서 외관이 간결하다. 내 취향에는 딱 맞다.

줄즈(Joolz)

부가부나 줄즈는 국내에도 많이 소개된 네덜란드 유모차 브랜드다. 네덜란드 특유의 디자인 언어가 느껴진다. 북유럽 제품도 비슷하다. 장식은 최소화, 기술력으로 조잡한 부품 없이 심플하게 성능을 높이려는 노력이 보인다. 그리고 튼튼하다. 알고 보니 유모차는 만들기 쉽지 않은 제품이다. 아기와 보호자들의 안전, 편의, 무게, 수납, 승차감, 사용감 등 따질 게 많다. 이곳에서는 아기가 태어나자마자 유모차에 태워 산책을 시킨다. 아기가 너무 보채고 잠을 안 자면 유모차에 태워 산책 나가는 부모도 있다. 그만큼 육아에 있어 유모차의 중요성이 크다. 내가 예전에 같이 일했던 네덜란드 제품 엔지니어들과 디자이너들이 떠올랐다. 많은 네덜란드 회사가 제품을 왜 쓰는지부터 여러 가지 니즈와 문제를 꼼꼼히 해소하는 인간중심 디자인을 한다. 한 가지 단점은 튼튼하지만 무겁다는 것.

필립스 아벤트(Philips Avent)

우리나라에도 많이 알려진 브랜드 필립스는 네덜란드 회사다. 유축기, 베이비 모니터, 젖병 소독기, 쪽쪽이를 필립스 아벤트 제품으로 샀다. 전자 제품들은 정말 전원만 꽂으면 바로 쓸 수 있는 수준으로 심플하고 간편해서 좋았다. 야광 쪽쪽이는 너무 유용한데 왜 다른 회사에서는 만들지 않을까 싶었다. 그리고 디자인도 아기 제품답게 둥글둥글하고 예쁘고 손에 잘 감긴다.

미스반하우트(Mies van Hout) 동화책

색색의 크레파스로 예쁘게 흰 도화지를 채우고 검은색 크레파스로 모든 면을 덧칠한 후, 이쑤시개로 긁으면 검은색 안에 숨겨진 색이 드러나 특별한 그림을 그릴 수 있던 추억을 떠올리게 하는 책이다. 온통 검은 동화책이 내게는 생소하지만, 여러 책 중 미스반하우트 동화책을 딱~ 고르는 아기를 보면 아기들 눈에 띄긴 하나 보다. 검은 바탕에 삐죽삐죽 낙서한 것 같은 물고기나 정체불명의 괴물이 그려진 게 네덜란드 일러스트레이터 미스반하우트의 책이다. 『친구들(Vriendjes, 브렌쳬스)』, 『즐거워(Vrolijk, 브롤륵)』라는 책이 있는데, 귀엽고 예쁜 동화 속 묘사에 익숙한 우리 눈에는 좀 얼기설기해 보일 수도 있겠고, 온통 검은 게 무섭다고 느낄 수도 있다. 그러나 물고기나 괴물의 표정과 몸짓으로 이뤄진 이 특이한 그림책은 아이들에게 감정이 무엇이고 그 감정을 어떻게 일컫는지 알려주는 데 좋다. 읽어주는 나도 덩달아 감정 표현을 연습하게 되는 신선한 책이다.

잎 앤 야네케(Jipp en Janneke) 동화책

검은색의 사용이 특별한 동화책에는 잎 앤 야네케도 있다. 주인공이나 등장인물의 얼굴이 온통 검은색이라 그렇다. 유명 일러스트레이터 핍 웨스튼도프(Fiep Westendorp)와 작가 아니 슈미트(Annie M. G. Schmidt)의 작품이다. 인물들이 온통 검고 눈동자만 하얘 마치 그림자 같기도 하다. 왜 검은색이 되었을까? 신문에 인쇄할 때 잘 보이게 하기 위해서였다고도 읽었고, 추상화시키고 자세한 표정을 숨겨 아이들의 상상력을 자극하고 자기 대입이 쉽게 하도록 한다고도 읽었다.[32] 우리에게도 익숙한 손그림자를 이용한 그림자 놀이를 생각하면 고개가 끄덕여진다. 손으로 만든 새와 늑대가 신기할 뿐 털이 없거나 색이 없다고 이상하지 않았던 것처럼. 1950년대에 시작된 이 동화책 시리즈는 너무나 인기가 좋아 모든 네덜란드 사람의 유년 시절 기억 한 부분을 차지한다. 아이들에게 하듯이 쉽게 설명하라는 말을 "잎 앤 야네케 말로" 하라고 표현할 정도다.

헤마(Hema)

몇 번 입히지도 못하는 아기 옷이 엄마 옷보다 더 비싸다는데 눈이 휘둥그레졌을 때가 있었다. 이제는 그 높은 가격에 무감각해진 편이지만 그래도 섣불리 사기 좀 그렇다. 그래서 자주 찾게 되는 게 네덜란드의 생필품 전문점 헤마다. 우리가 영국에서 살던 시절 남편에게 품질 좋고 가격 좋은 헤마가 그립다고 했더니 네덜란드 사람 다 됐다는 말을 들었다. 그만큼 네덜란드 사람들에게 사랑받는 브랜드다. 여기서 아기 옷 사기 참 좋은데, 품질 좋은 아기 옷을 반의 반 값도 안 되게 살 수 있다. 유기농 면 제품도 그렇다.

미피(Nijntje)

토끼를 뜻하는 네덜란드말 코나인체(Konijntje)를 귀엽게 부른 나인체가 미피의 원래 이름이다. 우리나라에서도 종종 보이는 이 토끼는 인형이나 책에서 쉽게 만날 수 있다. 삽화가 또렷하고 색감이 깨끗해 어린 아기에게도 자주 선물로 준다. 처음으로 선물받은 아기의 인생 첫 책이『나인체가 날아요(Nijntje vliegt)』였다.

리틀더치(Little Dutch)

목욕용 천, 원목으로 된 장난감을 사기에 좋다. 베이비짐과 모빌도 좋다. 모빌에 달았던 인형은 따로 떼어서 여러모로 활용했다.

푸카베이비(Puckababy)

많은 집들이 50년도 더 되었고 난방을 잘 안 해서 그런지 네덜란드는 아기 체온 조절에 진심이다. 그래서 아기가 너무 덥거나 춥지 않게 옷의 보온 등급을 따져 입힌다. 온도마다 적합한 보온 정도를 계산해 옷을 몇 벌 입힐지 결정하는 거다. 덥다 춥다 말을 못 하는 아기를 위한 이성주의자들의 해결책이다. 그리고 아기가 자기 방에서 자다 보니 침구 용품 규칙도 까다롭다. 돌연사 가능성이 있는 일반적인 이불과 베개보다 입는 이불을 선호한다. 그중에서도 푸카베이비 시리즈가 꼼꼼히 잘 디자인되어 있다. 신생아용은 속싸개 기능도 한다. 지퍼가 달려 있어 편한 면도 있다.

아느 마리 프티트(Anne Marie Petit)

집집마다 창고세일을 하는 코닝스다흐 때 눈에 띈 뜨개 앵무새 인형을 1유로를 주고 산 적이 있다. 색깔이 화려하고 안에 딸랑이 방울도 있어서 아기가 좋아할 것 같았다. 이제 와 찾아보니 네덜란드의 저명한 디자이너 브랜드였다. 디자이너의 이름은 아느 마리 프티트. 생각지 못한 득템이었다. 아기가 백일 전후 지칠 줄 모르고 울 때 이 새를 귀에 대고 딸랑이면 조용해졌다. 수개월이 지난 아직도 새 부리, 날개나 꼬리를 물고 노는 걸 좋아한다.

초보 엄마는 육아용품을 사며 많이 배운다. 앞으로도 살 것이 많으니 배울 것도 많겠다. 저명한 디자인 학교가 많고, 유명 디자이너를 많이 배출한 나라라는 게 네덜란드의 또 다른 좋은 점이다. 특히 네덜란드의 제품 디자인은 1980~1990년대부터 국제적인 명성을 쌓아 더치 디자인이라는 스타일도 명칭화되었다. 위키피디아를 보니 군더더기 없고 혁신적인 특징이 있다고 하는데,[33] 육아용품만 봐도 고개가 끄덕여진다. 좋은 디자인은 창의적인 문제 해결력에서 나오는 것 같다. 빈번했던 범람과 싸우고 물을 개척해 땅으로 만들어야 했던 선조들의 '문제 많았던' 삶이 이 나라의 디자인 산업에도 영향을 미쳤을까? 우리 생활의 모든 것이 디자이너들의 손을 거치니, 소비자로서는 돈을 조금 더 내더라도 좋은 디자인의 제품을 사게 된다. 특히 초보 엄마는 그렇다. 자랄 때부터 멋진 디자인을 접하면 아기의 발달에도 좋지 않을까.

8년간 숙제가 없는 학교

우리 집 옆이 바시스 스콜(Basisschool, 유치원 과정부터 시작하는 초등학교)이다. 아이들이 만 4살부터 12살 때까지 다니는 학교다. 아침이면 아기와 창밖으로 엄마 혹은 아빠와 자전거를 타거나 손을 잡고 걸어서 학교 가는 형, 누나들을 구경한다. 그리고 하교하는 모습도 보는데, 그럴 땐 등교한 지가 언젠데 벌써 집에 가나 싶다. 아기와 산책하러 나가면 그 아이들이 놀이터가 떠나가라 시끄럽게 놀고 있다. 도대체 네덜란드 학교는 뭘까, 놀이터인가 하는 궁금증에 여러모로 알아보았다. 아기가 두 살이면 학교에 미리 입학 대기를 걸 수도 있어서 좀 알아둘 필요도 있었다. 그러면서 알게 된 네덜란드의 교육 시스템은 정말 신기했다. 우리나라랑 다르기도 하지만 공부를 많이 안 하고도 안전하고 행복하고 부유한 나라가 유지된다니 새삼스럽기도 하다. 공부가 다가 아니라는 말이 실감 난다. 네덜란드 아이들이 행복하다면 강압적으로 해야만 하는 게 없어서 그런 게 아닐까 싶다. 성장기 아이들이 아침밥, 점심밥으로 빵에 초콜릿을 뿌려 먹는 건 보너스 행복인 것 같고.

바시스 스콜의 경우 국가에서 1년을 기준으로 볼 때 940시간*을 아이들 커리큘럼에 안배하라는 지침을 주고,³⁴ 각 학교가 자율적으로 시간표를 짠다. 그래도 대략적인 패턴은 있다. 수요일, 금요일에는 12시에 학교가 끝난다. 월, 화, 목요일에는 오후 3시면 수업이 끝난다. 5교시, 6교시까지 공부하고 휴식 시간은 10분이었던 내 초등학교 시절에 비하면 천국이 따로 없다. 12시와 3시 이후부터 애들을 봐야 하는 맞벌이 부부는 어떻게 할까. 보통 부부가 주 4일 근무를 교대로 하거나, 집에서 일한다. 하교 시간에 맞춰 집에 와 애들을 본 후 밤에 더 근무하는 엄마, 아빠들이 많다. 학교가 그렇게 일찍 끝나면 애들은 그다음에는 뭘 할까?

그냥 논다. 초등학교 8년간 숙제가 없다. 정말, 정말로, 초등학교 내내 숙제가 없다. 방학도 일 년에 네 번이다. 긴 여름방학, 일주일 정도의 봄방학과 가을방학, 그리고 그 중간쯤 되는 겨울방학. 방학 일기 이런 것도 없다. 그러면 도대체 공부는 언제 하나? 애들은 뭐 하고 크나? 그냥 논다. 학교 밖에서는 공부 안 한다. 스포츠 클럽에 필드하키를 치러 가거나 여름에는 다이빙하러 동네 개울가에 가거나 공차기하거나 정원에 있는 트램펄린에서 논다. 인간이 자라는 데 공부도 중요하고

---

* 우리나라는 학년에 따라 1,744시간 혹은 2,176시간이다.

노는 것도 중요하고 다양한 경험이 모두 중요할 텐데, 이곳은 공부는 학교에서 하는 만큼이면 되고 그다음은 놀면 된다고 생각하나 보다. 학교도 만 4~5살 반은 놀이 위주다. 만 6살 때부터 읽기와 쓰기 교육이 시작된다. 그리고 그때부터 네덜란드 사람이라면 반드시 알아야 하는 수영과 자전거 교통 수칙을 배운다.

수영 교육에 대한 한마디. 나라의 대부분이 해수면 아래라 물이 범람하는 일이 다반사였다. 그래서 네덜란드는 생존이 걸린 수영에 아주 진심이다. 자유형, 평형 같은 걸 배우는 게 아니라, 머리를 내놓고 치는 개헤엄을 배운다. 수영 수료증을 딸 때는 코흘리개 아이들이 옷을 다 입은 채로 물에 빠지는 시나리오를 만든다. 그러면 아이들은 헤엄쳐 물속에서 터널 같은 것을 통과해 빠져나와야 한다. 물안경, 수영모자, 수영복, 튜브, 이런 건 장난이다. 어린아이들한테 너무한 것 같기는 해도, 다들 통과하는 걸 보면 미리 가르치는 게 맞다 싶다. 실제로 여름이면 다리 위에서 다이빙하고 물에서 수영하고 겨울이면 얼음판 위에서 노는 네덜란드 아이들을 보면 걱정이 되긴 한다. 주변에 어른들이라고는 한 명도 없기 때문이다. 그래서 수영을 할 수 있다는 수료증을 따는 것은 네덜란드 유년 시절 필수다.

만약 학교 수업이 어렵다면? 따라가기 힘들다면? 그래서 일 년 과정을 다시 해야 한다면? 우리나라의 표현은 '유급', '1년 꿇었다'는 둥 좀 치욕적이다. 여기서는 그렇지 않다. 꿇는 게 아니고, 그냥 '계속 앉아 있는다(Blijven zitten, 블라이븐 지튼)'고 표현한다. 그러니 학생 자신이 할 수 있는 만큼 예습했다 치고 수업을 한 번 더 듣는 거다.

옆에서 보면 팽팽 놀기만 하는 학교 같은데 그래도 일 년에 두 번 시험이 있다고 한다. 학생의 수준이 어느 정도인지 확인 해보는 평가다. 그 결과는 본인과 부모님만 알게 된다. 주의해 야 할 것은 이 시험점수와 선생님의 의견으로 만 12살 이후의 진로가 벌써 정해진다는 점이다. 이곳은 중학교 때부터 직업 위주의 진로를 선택할 것인지, 고등교육을 더 받을 것인지 나 뉜다. 그래서 10살 갓 넘은 아이가 멍 때리고 그냥 학교 다니 다가는 선생님 한마디에 대학 가는 건 포기해야 하는 상황이 올 수도 있다. 학교 타입을 바꿀 수 있다지만, 대부분은 13살 때부터 자기에게 주어진 길을 걷게 된다니, 좀 무섭다. 그냥 날것 그대로의 재능을 바탕으로 진로를 정하는 걸까. 목수든 변호사든 세금 내고 나면 생활 수준이 어느 정도 비슷한 나라 이니 사교육을 시키고 방과 후 교육도 시켜 공부 머리를 더 키 울 이유가 굳이 없을 것도 같다.

네덜란드의 학교가 신기한 이유는 또 많다. 대학교에 명문대가 따로 없다. 모든 대학이 다 명문대 취급이다. 드물게 어느 학교는 어느 과가 유명하다 정도는 있어도, 수도에 있는 암스테르담 대학이 가장 좋은 건 아니다. 그냥 집에서 가까운 데 가는 분위기다. 그리고 사립학교라고 더 좋은 게 아니다(좋다는 게 무엇인지도 토론의 대상이지만). 사립은 보통 종교(가톨릭, 개신교, 이슬람, 힌두)에 따라 혹은 교육 이념(몬테소리, 달튼 등)에 따라 일반적인 커리큘럼과는 다른 커리큘럼을 가지고 싶을 때 만들어진다. 그러니 대부분의 네덜란드 사람은 그냥 두 번 생각 안 하고 일반 공립학교에 보낸다. 기숙사 학교인 보딩스쿨은 영국의 사립학교 시스템 덕에 우리나라에는 명문가 자제만 가는 사교클럽 정도로 이미지가 각인되었지만, 이곳에서는 평판이 좋지 않다. 아이를 가족과 떨어뜨려 키운다는 게 말이 되지 않으며, 부모의 책임을 등한시한다고 생각하는 것 같다.

팽팽 놀며 더빙 안 된 미국 TV를 보고 자라 영어를 잘하기도 하고, 영어 학원에 가서 열심히 언어를 습득해 영어를 잘하기도 한다. 도착점에 가는 방법은 여러 가지다. 네덜란드는 애초에 그 도착점이라는 것(삶의 방식이랄까, 누리고자 하는 것이랄까)도 다양하다. 그리고 아이 스스로 자신의 길을 찾게 한다. 학교에서 잘 가르치고 잘 배우면 숙제는 왜 필요하냐는 게 초등학교의 지론이다. 공부는 정도껏만 하고 학교 바깥에서 원하는 것을 원하는 방법으로 배우고 자라나라는 것이다. 인생이 그렇듯 교육에 모범답안은 없는 것 같다.

네덜란드 혹은 유럽 동료들과 비교할 때, 십 대의 대부분을 공부하는 데 쓴 나는, 그들보다 끈기나 정신력이 더 강하다고 생각한다. 의자에 붙어 앉아 하기 싫은 것이 하기 싫다 느껴지지 않을 때까지 공책에 낙서하며 책 위로 졸고 딴생각하며 그러다 시험이 닥쳐 눈에 불 켜고 공부하던, 그 반복적인 생활이 하기 싫은 것도, 해야 하는 것도 그냥 받아들이고 그 안에서 최선을 다하게끔 하지 않았나 싶다. 그래서 난 숙제도 괜찮은 것 같고, 예복습도 괜찮은 것 같다.

하지만 교육의 방법이 무엇이 되었든, 가장 중요한 건 그 출발점인 우리 아이겠지. 우리 아이는 배우는 것을 좋아할까? 어떻게 배우는 것을 가장 좋아할까?

13살 때부터 일을 하는 아이들

　얼마 전 정원을 손본다고 정원사를 불렀다. 50대 개인 정원 회사 사장님과 함께 온 조수 두 명은 13살이나 되었을까, 뽀얀 얼굴의 남자아이 둘이었다. 사장님이 하는 것과 똑같은 일을 하고, 둘이 함께 연장을 찾고 기계를 다뤘다. 무려 커다란 컵에 설탕이나 우유도 타지 않은 블랙커피를 달라고 해 마시더라.

　네덜란드에 살면서 이렇게 전문가의 일을 옆에서 보조하는 청소년을 종종 봤다. 식당에서 계산하거나 서빙하거나, 오일 장의 치즈가게 혹은 생선가게에서 일을 돕거나, 꽃집에서 주문을 받거나, 슈퍼마켓에서 진열대를 채우는 일을 하는 앳된 아이들 말이다.

　여기는 법적으로 만 13살이면 일을 할 수 있다.[35] 찾아보니 우리나라는 학교에 다니고 있다면 18살까지 일을 못 하지만 다니고 있지 않다면 15살에 일을 할 수 있다.[36] 네덜란드에서 청소년을 고용하기 위해 지켜야 할 규칙은 많다. 성장과 교육에 해가 되지 않는 선에서 혹은 도움이 되는 선에서만 일을 시킬 수 있다. 예를 들어 고용 가능 시간이 적고, 기계 옆에서 일을 할 수 없고, 알코올을 서빙할 수 없고 등등이다. 반면 18살이 되지 않으면 일반 최저임금보다 낮은 청소년 최저임금을 받는다.[37]

산업혁명기 아이들의 노동력을 착취하던 과거를 반성하고 네덜란드는 1874년에 12살 이하의 아이들은 일을 하지 못하게 법을 제정했다. 그리고 1900년부터 6살에서 12살까지의 교육을 의무화했다.[38] 지금 네덜란드는 세상에서 아이들이 최고로 행복하다는, 세계에서 손꼽히는 부유한 나라다. 그런데 왜 변성기도 안 지난 아이들이 일을 하는 걸까?

남편은 고등학교 시절 기타를 사기 위해 방학 때 하루 종일 식당에서 설거지했다고 한다. 많은 네덜란드 아이들이 자기가 사고 싶은 것을 사기 위해 용돈을 직접 번다. 네덜란드 부모들은 아이가 일을 하면서 책임감을 배우고 인생에서 원하는 것을 얻으려면 열심히 일을 해 돈을 벌어야만 한다는 걸 일찍, 자연스럽게 터득하길 원한다.

미래에 좋은 직장을 가지려면 공부가 가장 중요했던 내 학창시절하고는 아주 다르다. 나도 대학 때는 인턴십을 많이 해봤지만 그걸 중학교 때부터 하는 것은 상상하기가 쉽지 않다. 그랬다면 빨리 철들고, 더 독립적으로 자랐겠지 싶은 생각이 드니, 아무래도 이런 과정을 통해 네덜란드의 문화가 만들어

지나 싶다. 탄생 2개월부터 혼자 자고 부모와 아이가 원한다면 13살부터 직접 돈을 벌어 자기가 사고 싶은 것을 사는 나라니 말이다.

청소년이 일을 일찍 시작하는 또 다른 이유는 교육제도와 관련이 있다. 네덜란드는 중학교 때(만 12살)부터 진로에 따라 세 가지 종류의 학교 중 하나를 선택하게 된다. 공부가 적성이면 가는 곳(VWO), 실업이 적성이면 가는 곳(VMBO), 그리고 그 중간(HAVO)이 있고, 이다음의 고등학교도 같은 수준으로 나뉜 세 가지 선택지가 있다. 그리고 실업이 적성이라면 14살부터는 교과과정의 일부를 이론이 아니라 실업을 배우는 것으로 대체할 수 있다. 중학교를 마치고 고등학교를 가지 않고 바로 일할 수도 있다.[39] 인턴십이나 도제제도처럼 진짜 회사에 들어가 앞으로 할 일을 배우는 거다. 아마도 정원사를 따라온 아이들은 벌써부터 정원사의 길을 걷기로 하고 일을 배우는 아이들이 아니었나 싶다.

과거 조선에 끼친 유교의 영향이 지금까지도 우리나라에 지속되는 것처럼, 네덜란드에 칼뱅주의가 끼친 영향도 생각해볼 수 있다. 칼뱅주의는 16세기부터 유럽에 크게 유행했는데, 네덜란드의 헌법이 칼뱅주의에 기반했다는 이야기도 있다.[40] 열심히 일하는 것을 덕목으로 삼았던 만큼, 일을 일찍부터 시작하는 것도 당연하게 생각하는 것은 아닌가 짐작해본다.

그날 밤에는 남편하고 아이 방을 꾸밀 벽지를 준비해뒀다. 그리고 보니 벽지를 바르거나 페인트칠하는 것도 전문가가 다 따로 있는 나라인데, 우리가 집을 만들면서 만난 모든 사람이 다 그런 도제제도를 거쳤겠구나 싶다. 무려 중학교 때부터 현장에서 벽지를 바르고 페인트칠을 해보면서 말이다. 새삼 여러 생각이 들었다. 도대체 그 어린 나이에 평생직장을 고려해 진로를 고르고 일을 하는 게 어떻게 가능한지, 그리고 그렇게 경력이 쌓이니 시간당 임금이 샐러리맨과 비슷한 것이 불공평한 것도 아니라는 생각 말이다.

4장

네덜란드의 집에서
살아가는 일

네덜란드의 국립박물관에 가면 인형의 집을 볼 수 있다. 상류층 사람들이 자신의 집을 본떠 작은 크기의 집을 만든 장식품이다. 입체 단면도처럼 모든 방이 보이고 방안의 가구며 그릇 같은 장식물까지 본떠 작게 만든 사치품이자 그 시절 생활상을 알 수 있는 사료다. 하지만 내가 느끼기에는 어둡고 방만 많이 있어 집의 목적이 갖가지 방을 마련하는 것이 돼버린 것 같았다. 침실, 화장실, 응접실 이런 식으로 각 공간에 들어가 거기 맞는 활동을 해야 하는 것 같아 마치 집에 와서도 '집'을 찾아야 할 것 같았고, 벌집 같다는 느낌을 받았다.

반면 민속촌에 가서 본 농민의 집은 그와는 대조적이게도 딱히 거실도 화장실도 없고 가축과 사람이 함께 사는 곳이었다. 유일하게 독립된 공간은 침실인데 벽에 네모난 공간을 만들어 벽장 속에서 자듯 잠자리를 만들어두었다. 이곳도 습한 겨울은 추운데 여기서 어떻게 살았을까 싶은 마음이 들었다. 그래서 상류층이 방의 개수를 과시했나 싶었다.

지금은 네덜란드의 어디를 가도 단정하게 정리된 정원수와 꽃들이 눈길을 끄는 집들이 보인다. 깨끗하고 편안한 느낌이다. 그리고 한때는 상류층의 전유물이었던 벽돌집과 그 안의 많은 방들이 흔하게 볼 수 있는 풍경이 되었다. 어두침침한 색의 벽돌을 쓰는 것은 예나 지금이나 마찬가지라, 정원이나 가로수가 없다면 집이 삭막하게 보일 수도 있다. 그래도 네덜란드에서 고작 두세 시간 운전해 벨기에에 도착하면 네덜란드의 동네가 얼마나 훤칠한지 보인다. 네덜란드 집과 아파트는 외관이 잘 청소되어 있고 새것 같지만, 상대적으로 벨기에 동네는 마치 집이 쓰러지기라도 할 것처럼 낡아 보인다.

네덜란드 사람들에게 집은 자부심이자 평생 프로젝트다. 사소한 것이라도 업그레이드하고 직접 시간을 들여 관리하고 정리하고 반짝반짝 새로 페인트칠한다. 어린 자녀들이 있다면 아이들이 성장하는 시기에 맞추어 집 정원에 미끄럼틀이나 그네를 들여놓고, 확장 공사를 하고, 옥상을 개조하면서 가족과 함께 집도 커간다. 한때 몸을 겨우 뉠 침대가 있던 방을 비싼 월세를 주고 살던 내가 네덜란드에서 정원 딸린 새집을 사게 되었다. 그리고 이 전원주택에서 산 지 고작 2년, 우리는 벌써 다른 집 이야기를 하곤 한다. 좀 더 편하고 좀 더 우리 가족과 맞는 집을 상상하면서 말이다. 그러면서도 남편은 하루가 멀다 하고 정원을 가꾸고 우리는 사는 데 도움이 될 새로운 아이템을 찾는다. 손수 울타리며 대문도 만들고, 사람을 써 안전하고 조경에 맞게 앞마당을 보수하고, 이제는 정원에 비를 피

할 구조물도 만든다. 집은 마치 삶처럼, 끝나지 않는 이야기다.

암스테르담에서 살아본 아홉 개의 집

20대에 와서 떠났다가, 다시 30대에 돌아와 산 두 번의 암스테르담. 돌아보니 벌써 여기서 거쳐 간 집이 9개나 된다. 셈해보니 암스테르담에서만 8년, 그간 살아본 집은 9개, 평균 1년에 한 번 이상 이사를 했다. 아홉수는 마지막 관문, 대격변 직전을 상징하는 경우가 많다는데, 아홉 번째 집을 마지막으로 암스테르담을 떠나 근교로 이사를 가게 되었다. 그런데 이게 도시에서 시골로 가는 기분이라 정말 대격변이라는 아홉수의 상징이 맞는 말 같다. 그만큼 집에 대해 말하자면 이야기가 끝이 없다. 집은 그냥 비바람을 막는 거처를 넘어, 내 것으로 가꾸는 공간이고, 당시 살던 나날의 기억의 중심이 된다. '아 그 집에 살 때는 이랬지!' 하며 생각해보면 거쳐 가는 집마다 인생의 챕터가 나뉘는 것 같고 말이다. 본의 아니게 이사를 자주 하면서 힘들기도 했지만, 덕분에 암스테르담을 속속들이 더 알게 되었다.

암스테르담 매물에는 우리 기준에서는 상상 못 할 특징이 있다. 우선 엽서에 나오는 17세기에 지어진 아름다운 건물들은 아무리 멋지게 리노베이션을 해도 오래된 구조는 그대로다. 온돌 같은 바닥 난방은 완전 신식이라 찾아보기 힘들다. 나무로 만든 계단, 천장이며 바닥 때문에 층간 소음이 심하고 단열이 잘 안 된다. 심하면 윗집 발자국 소리도 들릴 정도다. 그리고 물 위에 올려진 도시다 보니, 쥐도 많다. 올리브 오일 한 방울에도 쥐가 냄새를 맡고, 연필 하나 들어가는 구멍만 있어도 쥐가 통과할 수 있다는 둥, 설이 자자하다. 고양이를 기르는 집들이 많은 연유도 되어, 암스테르담에서 산책하다 보면 창문에 앉아 졸고 있는 고양이를 종종 만날 수 있다. 대부분은 4~5층짜리 아파트로 꼭대기 층이라면 층간 소음 걱정도 없고 일조량도 좀 더 많지만, 엘리베이터가 없어서 저절로 건강해진다는 장점이 있다.

편리한 점도 있다. 보통 2개월 치 월세를 보증금으로 낸 뒤 다달이 집세를 낸다. 세입자가 유리한 법적 구조라 표준화된 계약서를 잘 읽고 따르면 보통 별 탈 없이 계약하고 해지할 수 있다. 집을 사기도 비교적 쉬운 편이다. 지금은 부동산 시장이 달라져가지만 아직까지는 현금이 거의 없어도 되고 이자율도 상대적으로 낮은 편이다. 외국인도 살 수 있다.

여긴 어디 나는 누구

내가 첫 번째로 살게 된 집은 아파트식 호텔이었다. 당시 국제행사가 많다는 9월이어서 시내에는 모든 호텔이 다 꽉 차 암스테르담 남쪽의 암스텔벤(Amstelveen)이라는 동네에 있는 호텔에 묵게 되었다. 전철 타고 회사까지 40분이 걸려서, 그때까지는 자전거로 출퇴근하는 삶과는 거리가 멀었다. 지도에서 보면 암스텔벤이 암스테르담의 일부처럼 보이는데도 시내까지 가는 것은 꽤 멀었다. 대중교통이 우리처럼 잘 발달하지 않아서, 자전거를 타는 게 아니라면 거리가 가까워도 가는 데 시간이 걸린다는 걸 그때 배우게 되었다. 새로운 나라에 막 오자마자 너무 조용한 근교에 살게 된 게 20대한테 썩 좋지는 않았다. 한번은 지하철을 타고 가다 내릴 역을 놓쳤는데 부랴부랴 지하철 밖으로 나가니 가로등도 안 켜진 깜깜한 시골에 나 혼자 서 있는 기분이었다. 주거지는 가로등도 별로 없고 어둑하게 해두는 네덜란드가 이제는 익숙하지만, 그때는 무서울 정도였다.

암스테르담에서만 겪을 수 있는 비뚤어진 집

그 후 계약한 아파트는 관광지의 가장 중심인 렘브란트 광장(Rembrandtplein) 옆에 있었다. 아래는 드랙퀸 바가 있고, 게이 퍼레이드 때에는 집 뒤의 렘브란트 광장에서 초대형 콘서트가 열렸다. 유명한 커피숍들(여기선 커피숍이 합법적으로 대마

초를 피울 수 있는 곳이다.), 축구 보는 선술집들이 많은 시끄러운 곳이었다. 그때 중개사 말로는 대부분의 현지인은 이런 장소에 살기 싫어해 집이 막 리노베이션되었어도 가격이 저렴한 것 같다고 했다. 그 당시 내가 한 말이 (나도 믿기지 않지만) 아주 흥겨운 곳에서 살고 싶었는데 꿈이 이뤄졌다나. 거기에 더해 최신식의 깔끔한 인테리어도 마음에 들고, 센터이고, 집이 위치한 거리가 위트레흐트세스트라트(Utrechtsestraat)라고 정말 멋진 레코드 샵, 인테리어 및 가구 샵, 옷 가게, 디저트 샵 등이 많은 패셔너블한 곳이어서, 당시 취향에 딱이었다. 이때 정말 다양한 모습의 암스테르담을 경험할 수 있었다. 운하들 사이에 집이 있어서 매일매일 관광하는 기분이었고 늦은 밤에 길거리 크리스마스 장식을 우리 집 빌딩에 거는 소리를 들으며 잠을 못 이루던 날이 있었다.

이 집은 4층과 옥탑층이 합쳐진 구조로, 몇백 년이 된 암스테르담 특유의 건축물이었다. 그 영향으로 바닥이 똑바르지가 않고 살짝 기울어져 있었다. 어느 날 옥탑층에서 보일러 파이프가 터지는 사건이 있어 아래층으로 물이 샜는데, 그 물이 다 한쪽 벽으로만 흘러갔다. 이런 대사건에도 그저 황당하고 웃겼던 기억이 난다. 그리고 옥탑에 있던 목욕탕에서 창문을 열면 옆집의 옥상하고 연결되어 있어서, 남들 모르게 옆집 옥상에 기어 나가, 접이식 의자를 놓고 누워 일광욕을 즐길 수도 있는 곳이었다. 네덜란드에서 집을 구하다 보면 일조량이 적어 해가 집 안의 동서남북 어디로 들어오는지 따져보는데, 생각지도 못한 루프탑이 생긴 것이나 마찬가지였다.

여기 살 때 자전거를 세 대나 잃어버렸다. 도심에서 자전거를 주차장이 아니라 길가 아무 데나 두면 시에서 자전거를 수거해 가버리기도 하는데, 내 경우는 그냥 진짜 도둑맞은 경우였다. 동유럽 사람들이 자전거를 훔쳐 되판다는 말이 많은데, 공짜 좋아하는 네덜란드 사람들도 자전거를 많이 훔치는 것 같다. 그 후로 자전거는 항상 중고만 산다. 암스테르담을 배워가던 시절이었다.

세상에서 가장 안전하지만 쥐가 나오는 곳

그 후 관광지가 아닌 좀 더 주거지역 같은 곳으로 이사를 갔다. 차분하고 더 사람 사는 곳 같고, 공원 앞이라 적당하다고 생각했다. 데 파이프(De Pijp)는 한때 게토였지만 지금은 나무가 더 무성하고 관광객이 아닌 주민들을 위한 상권이 만들어져 있다. 10년 정도 지난 지금은 관광객도 많이 오는 것 같지만. 뒷길의 교회 종소리가 일요일 알람이 되었던 곳이다. 이 집 주인은 에스토니아에서 온 바이올린 수리공 할아버지와 그의 부인인데 아래층에 가게가 있고 그 위층에 살았다. 그 위로 세 개 층은 월세를 내니 참 노후 걱정 없겠다 싶었다. 얼마나 자부심이 높은지 한창 유럽이 테러 위협에 시달렸을 때 "세상에서 가장 안전한 곳은 여기, 사파티 공원 앞뿐"이라던 분이다.

그렇게 찾은 집은 겉으로 보기에는 아름다웠지만, 오래된 건물이라 좀 낡았었다. 어쩐지 나올 것만 같았던 쥐가 어느 날 드디어 나왔다. 이곳에서는 생쥐(Mice)와 쥐(Rats)를 구분한다. 내가 보기에는 다 똑같이 징그러운 쥐일 뿐, 작은 생쥐라고 귀엽다는 생각은 들지 않았다! 소리를 지르고 도망을 가보고 주인에게 따졌지만, 암스테르담 사람들은 쥐를 하도 많이 봐서 그냥 그런가 보다 포기한 것 같았다. 결국 쥐덫을 설치한 정도뿐, 아무런 대처도 해주지 않았다. 안전하고 회사가 더 가까워졌어도 난 낡은 집이 싫었다. 그만큼 가격은 낮았지만, 한번 마음에 들지 않으니, 채광도 별로인 것 같고, 집 앞의 트램 소리도 지겨워졌다. 그래서 또 훌훌 털어버리고 이사를 하게 되었다.

고양이 때문에 봐준다

그 후에 한 달간 잠깐 있었던 곳이 에어비앤비에서 찾은 곳인데 수수료 덜 내겠다고 직접 계약을 했다. 세입자를 구하는 사람은 나보다 어린 여자였는데 커다란 집을 같이 나누어 쓸 사람을 찾고 있었다. 집이 급하고 한 달짜리니 한번 해보고 싶었다. 그런데, 한 달짜린데 보증금을 달라는 게 아닌가. 나중에 그녀는 그 돈을 홀랑 써버리고 없다고 배짱을 부렸다. 그 보증금을 다시 돌려받는 데 꽤나 힘들었다. 그냥 에어비앤비 수수료를 내는 게 나을 뻔했다. 보증금 사건으로 기억된 시절을 나름 즐겁게 해준 것은 여자애의 뚱보 고양이다. 안타깝게도 이름이 생각 안 나는 11살 할머니 고양이였는데 나를 엄청나게 따랐다. 특히 밤에 케밥을 사 오면 그렇게 같이 먹자고 조르던 고양이였다. 내 방까지 들어와 내 다리 위에서 같이 자던 고양이 때문에 나쁜 기억도 다 지워졌다.

드디어 찾은 나만의 구석

그리고 이사한 곳이 상큼한 복층 구조의 아파트였다. 항상 그렇듯 여기 매물 웹사이트를 통해 알아본 집이다. 네덜란드는 대부분 부동산 업자가 세입자를 집주인에게 연결해주는 방식이다. 이 당시에는 세입자가 한 달치 월세에 부가세까지 붙는 중개수수료를 부동산 업자에게 주는 게 관습이었다. 어쩌다 친해진 부동산 업자는 40대 아저씨였는데 내가 이사할 때 짐을 나르는 것을 도와줄 정도였다. 그래서 이후로도 잘 지냈지만, 법원에서 중개수수료가 불법으로 판정 난 후 그 수수료를 어떻게 할까 물었다가 손절을 당했다. 수수료의 반은 돌려주되 만약 내가 그 이상을 바라면 고소까지 하겠다며 협박했다. 내 딴에는 순수하고 공정하게 의견을 물어본 것인데 그 사람 입장에서는 그게 아니었나 보다.

아무튼 내가 구한 새 터는 현대식 콘크리트 건물로 한 층에 여러 세대가 사는 복합 아파트 같은 곳이었다. 이 집주인은 아파트 옥상에서 텃밭도 가꾸고 여름에는 집 옆의 운하에서 수

영한다고 해서 '아 정말 이 동네를 좋아하는구나… 터줏대감
이 좋아한다면 마음이 좋지' 이런 생각이 들었다. 유럽의 유
서 깊음과 한국 아파트의 장점이 잘 합쳐져 만족스러운 곳이
었다. 엉트레포트도크(Entrepotdok)라는 곳 주변인데, 관광지
에서 비껴가지만 중심지와 가깝고 역사가 깊은 동네. 네덜
란드 VOC 선박을 만들던 동네이기도 하고, 작은 동네인데도
현지 출신이 하는 이탈리아, 인도네시아, 에티오피아 음식점,
200년도 더 된 예네버(Jenever, 영국 진의 원조) 바 등 정말 많은
게 있었다. 다섯 번째 만에 나만의 구석을 찾은 기분이었다.
이때는 네덜란드 생활에 완전히 적응해서 운하에서 수영도 해
보고, 회사는 운하를 따라 자전거를 타고 다녔다. 그래서 누가
내게 어느 동네가 살기 좋냐고 물어본다면, 항상 이 동네를 추
천한다. 교통이 좋다거나, 특별히 멋진 동네라서라기보다도,
내가 좋았고 즐거워서 그랬다고 말해준다. 한 가지 신기했던
건, 집이 소방서 뒤였는데, 사는 동안 정말 한 번도 사이렌 소
리를 듣지 못했다는 거다.

암스테르담에서 내 집 마련

다섯 개의 집을 거쳐, 드디어 내 집 마련을 하게 되었다. 암
스테르담에서 회사에 다니는 외국인이라면, 높은 렌트 값에
비해 집을 사는 게 훨씬 경제적이란 것을 깨닫게 된다. 네덜
란드에 5년 이상 살 생각이면 집을 그냥 사라는 조언도 받았었

다. 이제는 너무나 비싸져버린 암스테르담 부동산 시장이라 사고 싶어도 못 사는 현실이지만, 2015년 즈음만 해도 불가능하지 않았다. 나는 시기를 잘 만나서 운 좋게도 아파트를 샀다. 회사와 가까운 오스트(Oost)라는 곳인데, 나름대로 암스텔강이 가깝고 무엇보다 집이 괜찮았다. 이민자들이 많이 사는 야바스트라트(Javastraat)가 가까워서 다채로운 식료품점도 많고, 물가도 살짝 좀 더 싸고, 렌트가 싼 만큼 젊은 사람들이 운영하는 힙스터 카페도 많아서 좋았다. 특히 여기 살면서 중동 음식에 대해 많이 알게 되었다. 터키식 식료품점은 하다못해 아보카도도 훨씬 신선하고, 맛있고, 품질이 좋으면서도 저렴하고, 불거(Bulgur) 같은 건강식품도 아주 좋은 가격에 살 수 있는 보물 같은 곳이다. 예전에 살던 사람이 발코니에 새 모이를 주는 횃대를 들여놔서, 횃대는 없앴는데도 습관처럼 새들이 항상 날아왔다. 그리고 길만 건너면 있는 빈티지 가구점, 소품 가게에서 저렴하게 특별한 아이템을 모으는 재미도 쏠쏠했다. 나의 공간을 가꾸고, 친구들과 동료들을 불러 공간의 추억을 만드는 재미에 푹 빠졌다. 지금 가보면 아무리 젠트리피케이션이 되었어도 좀 후미지다는 느낌이지만, 당시에는 그저 재밌다고 생각했다. 그리고 무엇보다 회사가 가까워서 너무 편했다. 일찍 일어나서 6시 30분 아침요가 하고 집에 와서 샤워하고 자전거를 타고 출근해도 9시 전 도착이라는 게 정말 천국이 따로 없었다.

뉴암스테르담

그리고 인생은 또 새로운 국면을 맞이했다. 커리어를 위해 네덜란드를 떠나기 두 달 전 남편을 만나고, 우리는 중국으로, 그리고 영국으로 가게 되었다. 중국에서 사는 1년 동안에도 네 곳의 집을 거치는 수난을 겪었고, 영국에서도 머문 집이 하나가 아니었다. 모험으로 가득했던 2~3년이 지나고 이제는 남편이 된 짝꿍과 나는 다시 또 네덜란드로 왔다.

그렇게 만난 네덜란드의 일곱 번째 집은 컨시어지가 있는 뉴암스테르담이라는 이름의 고층 빌딩이었다. 결혼하고 라이프스타일이 바뀌어서인지 실험적인 동네보다는 안정적이고 편리한 게 좋아졌다. 자우다스(Zuidas)라는 광화문 같은 곳에 회사에서 임시 거처를 제공해주었다. 고층 빌딩이 주고, 유리와 콘크리트 건물들이 즐비해 유서 깊은 암스테르담 센터하고는 아주 다른 동네였다. 로비/컨시어지가 있고, 수영장, 헬스장, 사우나도 있어서, 편리하고 그냥 일에만 집중하기 좋았다. 처음에는 너무 삭막하다 싶었는데, 살다 보니 오래 살려면 살 수 있겠다 싶었다. 역시 편의 시설이 중요한가 보다. 친구들도 암스테르담을 많이 떠나서 시내에 갈 일도 적어졌으니, 일 끝나고 쉬기 편한 게 최고랄까. 아파트의 이름인 '뉴암스테르담'처럼 그때부터 내게 암스테르담은 첫 몇 년과는 다르게 다가온 것 같다. 결혼도 했지, 30대 중반이 되어서 원하는 게 달라졌달까?

암스테르담 스쿨의 건축물

뉴암스테르담에서의 단기계약이 끝나가자, 우리는 아파트 헌팅에 나섰다. 계속 사는 것도 고려했지만, 회사의 도움 없이 살기에는 렌트비가 너무 비쌌다. 옮기고 옮기고 또 옮기고. 이제 아주 이사 마스터가 되었다. 소지품을 박스에 안전하게 포장하는 방법에도 도가 텄다. 그래도 그 과정이 피곤한 건 항상 같다. 몇 년 새에 암스테르담 임대료가 부쩍 오르고 매물도 없어서 집 구하는 데 꼬박 한 달이 걸렸다. 정말 막판에 우리 조건에 맞는 아파트를 발견해 이번에는 아웃자우드(Oud Zuid)라는, 박물관이 많은 동네 근처에 살게 되었다. 반 고흐 박물관도 가깝고, 조용하면서도 활기찬 동네였다.

아파트는 암스테르담 고유의 건축양식(Amsterdam school)으로 디자인된 집으로 1920년대에 지어졌다. 암스테르담 특유의 가파른 공용 계단에는 누군지 모를 할아버지 할머니의 퀴퀴한 유화 초상화도 붙어 있었다. 네덜란드에서 나름 뜬 스타일리시한 안경 브랜드 창업자가 내놓은 집이라 그런지 데코레이션, 직접 지은 주방, 액자 컬렉션, 노출 콘크리트 주방이나 스프링 모양의 화분받이 같은 것이 특이했다. 그런데 코로나로 오랫동안 집에 있으려니 처음에는 예뻐 보였던 식탁 겸 재택근무용 책상이 점점 불편해졌다. 아마 주인이나 그의 지인이 직접 만들었는지 재활용으로 붙여놓은 나무들이 문제였다. 그래서 1년 만에 가구가 없이 매물로 나온 집으로 이사 가기로 했다. 트램 소리와 윗집 청소기 돌리는 소리에서 벗어나기도 할 겸.

고마웠던 마지막 아파트

당시 코로나 때문에 외국의 고급 인력이 암스테르담에 일자리를 찾아 이민을 올 수가 없었다. 그만큼 비싼 월세가 뚝뚝 떨어지던 때였다. 우리가 나가자, 전에 살던 아파트는 월세를 300유로 적게 내놨다. 이런 시기라 우리는 당장 들어가고 싶은 좋은 집에 협상까지 시도했다. 다짜고짜 300유로를 낮게 부른 것이다. 그런데 웬일, 그게 먹혔다. 역시 상인의 나라에서는 협상 카드를 항상 생각해둬야 한다. 이렇게 운 좋게 이사 온 집은 아웃자우드에서도 아주 조용한 곳에 있었다. 20대 때에는 이곳이 그냥 너무 조용하고 삭막하다고만 생각했다. 센터에서 자전거로 20분은 가야 하는 외곽이라고 느껴졌다. 하지만 공원이 가깝고, 무엇보다 주차가 편해 좋은 걸 보니, 그간 우리도 나이가 들었다. 특히 집 근처에 공원이 있다는 게 삶의 질 향상에 많은 도움이 되었다. 코로나 락다운 때, 마치 반려견을 산책시키듯 무거운 몸을 끌고 하루 세 번 공원 산책을 하며 숨통을 틔었다.

아파트 내부는 여기 살던 할머니가 70년간 안 고치고 살았더랬다. 그래서 부동산 회사에서 아파트를 사서 싹 다 고쳐서 겉으로는 아주 최신식으로 잘 리모델링되어 있었다. 어떻게 보면 넓은 호텔방 같았다. 하지만 오래된 집이고, 이유는 모르겠어도 문화재에 등재된 집이라 현대적으로 고치지 못하는 부분이 많았는데, 그중 하나가 유리창이었다. 이게 생각보다 큰 단점이었다. 유리가 한 겹인 데다 난방을 라디에이터로 하다 보니 바깥으로 열기가 훌훌 다 날아가버리는 것이다. 그래서 겨울에는 유리창에 뽁뽁이를 붙이기까지 했다. 층간 소음도 문제였다. 윗집 사람들은 집 안에서 테니스를 치는 안하무인들이었다. 전문가를 섭외해 소음 측정을 받을 정도였다. 소음도 소음이지만 이 사람들은 다른 이웃들하고도 문제가 많아 부동산 회사 측에서 변호인을 선임해 문제에 대한 주민 인터뷰까지 했다. 하지만 경고로 끝날 뿐 어떤 것도 위층 세입자를 몰아내지는 못했다. 세입자 보호가 잘 되어 있는 것의 폐해라면 폐해다.

이렇게 세어보니, 무려 9개의 집에서 머물렀다. 참 많이도 이사를 하고 옮기며 살았다. 어떤 집은 지금도 그립고, 어떤 집은 나오기를 잘했다 싶으니 정답은 없나 보다. 네덜란드의 여러 집들을 경험하면서, 많이 배웠다. 암스테르담을 걷다 보면 유네스코 현장이라도 한창 철거 중인 오래된 건물은 흔히 볼 수 있다. 암스테르담의 재건축은 끊이지 않는다. 외관은 완벽히 옛것 그대로 유지해도 그 안은 새로 고쳐 월세를 더 높게 받는 것이다. 그래서 네덜란드에서만 1년에 평균 한 개 이상의 집에서 살아보고 얻은 게 있다면? 물론 네덜란드와 암스테르담에 대해 더 깊이 알게 된 것이다. 말하자면 특수교육 과정이었다. 집에는 삶의 방식이 묻어 있고, 집을 구하고 사는 과정 자체가 문화를 이해하는 틀이니 말이다. 다양한 사람도 만나고, 협상이나 흥정도 하고, 계약서도 공부하고, 내가 뭘 좋아하고 싫어하는지 이해하는 과정이기도 했고. 이사를 많이 했어도 손해 보지는 않았다. 그래서 아홉 번째 집이 가장 좋지 않은가. 내가 터득한 암스테르담에서 집 고를 때 도움이 되는 12가지 팁을 적어본다.

1. 조바심 안 내도 된다. 내 집은 항상 찾게 되어 있다.
2. 흥정은 필수.
3. 먼저 고민하고 결정은 빠르게 한다.
4. 아니다 싶으면 나온다.
5. 내 권리는 꼭 지킨다.
6. 언제 리노베이션됐는지 확인하자. 쥐가 나올 가능성을 점쳐보는 것이다.
7. 층간 소음에 주의하자. 웬만하면 맨 위층이 층간소음을 막기에는 최선이다.
8. 창문 단열이 잘 안 된 경우가 많다. 이중창인지 보고 에너지 레

벨이 C 이상인지 살펴본다.[*]

9. 일조량이 적다. 그래서 집 안으로 해가 들어오는 방향을 알려
주는 앱도 있다. 집이 북쪽을 향하거나 앞뒤로 이웃집이 있으면
거리도 가깝고 답답하고 해가 잘 들어오지 않는다.

10. 좁은 공간을 효율적으로 쓰려다 보니까 계단도 미친 듯이 가파
를 수 있고, 화장실 일부가 방 안에 있거나(세면대가 침실에 있다거
나) 할 수 있다. 그래서 테라스, 발코니, 욕조처럼 원하는 게 있
다면, 그것을 중심으로 검색하면 추리기 용이하다. 그리고 가파
른 계단은 웬만하면 피하는 것이 좋다. 아무리 조심해도 사고가
난다.

11. 트램이 가까우면 꽤 시끄럽다.

12. 배우자감을 만나면 한눈에 알아본다는 말처럼, 모두 말하길 딱
이 집이다 싶을 때는 느낌이 온다고 하더니 맞는 말이지 싶다.
그러니 사진만 믿지 말고 여러 곳을 직접 방문해보는 게 좋다.

---

[*] 주거용 건물의 에너지 레벨은 A++++에서 G 등급까지로 구분되는데, A에 가까울
수록 화석 연료 사용량이 적고, 일반적으로 비용 대비 난방 효율이 높다.

네덜란드 요양원에서 한 달 살기

암스테르담에서 9개의 집에 살아보고 오게 된 곳은 암스테르담의 동쪽에 있는 나르던이라는 곳이다. 암스테르담에서 자가용으로 20분 정도 거리라 가깝고, 12세기부터 들어선 요새도시로 해자(垓子)가 있어 항공사진으로 보면 특히 더 그 경치가 빼어난 곳이다. 네덜란드에 '하우셰, 봄폐, 베이스체(Huisje, boompje, beestje)'라는 표현이 있다. '집, 정원, 반려동물'이라는 의미인데, 정착한다는 뜻으로 쓰이는 표현이다. 우리가 나르던으로 가게 된 것도 그런 연유가 있다. 떠돌이 생활을 잠깐이라도 멈추고, 우리가 가꿀 정원과 집이 있으면 좋겠더라. 그래서 여기저기 발품을 팔다가 운 좋게 나르던에 위치한 신단지의 집을 산 게 2년 전. 집을 짓는 막바지에 우리가 할 일이 많을 테니 미리 근처 아파트에 이사를 왔다. 이사라는 큰 일도 치르고 새 동네 적응도 할 겸 결정한 일이었다. 그래서 나르던에 집 짓는 곳이랑 위치가 가깝고 계약 기간이 짧아도 되는 곳이 나오자마자 계약해버렸다. 다른 것 안 보고 새집 준비에 적당하면 되는 곳을 찾았다.

특이점이라면 이 아파트는 바로 요양원이라는 것! 정확히
는 노년 주택(보통 나이가 65세 이상인 사람이 사는 주택)으로 대부
분의 거주자가 연세가 있으신 분들인 아파트다. 70~80년대
에 지어진 이 아파트는 당시에는 아마 '최첨단'이었겠지만, 이
제는 낡았다는 느낌을 곳곳에서 발견할 수 있다. 아마 요새 요
양원들은 더 좋아서 은퇴 후 그쪽으로 가고, 이렇게 오래된 곳
은 월세로 많이 나오나 보다. 그래서인지 그곳에는 나이가 그
렇게 많지 않은 우리 같은 사람들도 살았다. 은퇴 후 자식과
같이 살지도, 가까이 살지도 않고, 연세 있으신 분들끼리 같이
모여 사는 게 우리나라에는 없는 정서다.

곳곳에서 발견되는 나이 드신 분들을 위한 서비스 마인드가
생각 외로 나한테도 딱 맞았다. 우선, 벽돌과 나무로 만든 집
에서 한 단계 업그레이드된 콘크리트 건물이었다. 그래서 난
방을 하지 않아도 너무 춥지 않았고, 소음 걱정이 없어 좋았
다. 그리고 남향이라 해가 아주 잘 들었다. 네덜란드 사람들은
더위에 약하다. 30도만 되어도 열대 날씨라며 허풍을 떠는데,
실제로 집을 구할 때 동향과 서향을 선호하고 해가 가장 많이
들어오는 남향은 그에 비해 인기가 덜하다. 하지만 나이가 들
면 몸이 추운 건 어디를 가나 마찬가지인가 보다. 집마다 창이
남쪽을 향해 아주 크게 나 있어 여름이 되자 너무 뜨거워 소
파에 앉아 있기도 힘들었다. 그 창문 밖으로는 아파트에서 공

용으로 관리하는 녹지가 있었다. 커다란 소나무로 가득한 깔끔한 정원이 보기 좋았다. 구석에 위치한 작은 주방은 일출로 붉게 물든 아침 해가 잘 들어서, 요리하지 않고 그냥 바라보고 있으면 80년대 영화 세트장 같았다. 이런 곳에서 살아본 적도 없는데 자연스레 추억이나 상념에 잠기게 되는 그런 풍경이 펼쳐졌다. 정신없이 아침 식사거리를 꺼내다 보면 언제 그랬냐는 듯 그런 햇빛도 생각도 사라졌지만 말이다.

아파트의 복도나 공용 공간을 보면 이곳이 노인을 위해 특화된 것이 확실했다. 엘리베이터 안에도 벤치가 마련되어 있고 손잡이가 달려 있었다. 움직임이 불편한 분들을 위해 복도 문을 열어두고 다니라는 쪽지가 있으며, 식품을 나르는 카트, 거주자 이벤트를 위한 홀, 20유로를 내고 빌릴 수 있는 게스트룸까지, 없는 게 없었다. 무엇보다 인상 깊은 것은 2층의 이벤트 홀이었다. 화요일이면 아파트 주민뿐 아니라 다른 곳에서 노인들이 방문해 함께 합창을 배웠다. 퇴근 후 집에 오는 길에 들린 합창단 소리는 꽤 그럴싸했다. 강당에서는 때로는 영화도 틀어주었고 여름에는 같이 요리를 해 먹기도 했다. 이렇게 다양한 이벤트가 있다면 심심하지 않을 것 같았다. 어쩌면 우리나라 아파트 단지에 있는 양로원의 개념일까?

아이들이 성인이 되어 집을 떠나면 부모는 그 집에서 은퇴하고 노년까지 살다가, 거동이 불편해지면 손길이 많이 가고 계단이 많은 집(여기는 대부분 거주 구조가 3층 집이다)을 떠나는 것 같다. 그리고 이렇게 나이가 든 사람들을 위해 특화된 아파트로 이사를 온다. 네덜란드 사람들은 어른을 모시고 산다는 개념이 없다. 어린이의 복지는 가정이, 노인복지는 국가가 해야 한다는 게 주된 생각이다. 그리고 네덜란드의 할머니 할아버지들은 겉모습만 흰머리가 보이고 걸음이 조금 느릴 뿐, 눈빛은 건강해 보인다. 대부분 젊게 산다. 특히 비교적 시끄러운 암스테르담에 사시는 분들을 보면 젊었을 때 분명 한 가닥(?)했을 것 같다. 할아버지들이 빨간색 바지를 입거나 오렌지색 스카프를 매는 걸 보면 '아 무슨 색을 입어야 활기가 나는지 아시나 보다' 싶고, 자전거를 타는 할머니들을 보면 '나보다 잘 타시네' 싶다. 하물며 나이가 들어도 자전거를 젊은 사람들처럼 많이 탄다. 이 나라의 연장자에 대한 존경은 한결같은 인격적 대우와, 건강 상태에 따라 필요한 맞춤 서비스를 제공하는 복지에서 드러나는 게 아닐까. 개인주의, 합리주의 국가의 국민들이 생각한 노년의 모습과 연장자에 대한 대우는 이런 거구나 싶다.

네덜란드 친환경 주택 경험기

암스테르담 근교에 집을 구하겠다고 마음먹은 후로 발품을 많이 팔았다. 여기도 부동산 거품이 많고, 집을 찾는 사람들은 훨씬 많아서 경쟁이 아주 치열하다. 집을 살 수 있기는 할지 자포자기하던 와중에, 우리는 운 좋게 '헌 집' 말고 '새집(신축, 뉴바우(Nieuwbouw)라고 부른다)'을 사게 되었다.

네덜란드에서의 신주택 구입 경험은 여러모로 유별났다. 그 중에서도 환경을 생각해야 하는 것이 가장 생소했다. 기왕 사는 것 친환경 집을 사는 게 좋게만 들렸지만, 이상과 현실의 차이는 상상 밖이었다.

네덜란드 사람들은 동물도, 자원도, 자연도 소중히 여기는 편이다. 정책도 그런 행동을 장려하는 정책이 많다. 그러나 살면서 실제 느낀 건 막연히 깨끗하고 아름다운 세상이 아니라 환경을 위해 등골이 휘는 경험이었다. 비싼 기름값, 자동차 가격, 통행료, 주차비, 자동차 보유세, 가스비, 전기세, 수도비, 쓰레기 처리비 등등. 네덜란드 사람이라면 아마 이렇게 무자

비하게 세금 떼는 국세청이야말로 도둑 아닌가 하는 생각을 한 번쯤 할 것 같다. 환경을 고려해야 하는 것은, 집을 짓는 건설사도 마찬가지다. 까다로운 규칙을 지켜야 건축 허가를 받기 때문에 요새는 대부분의 신주택, 아파트가 친환경을 모토로 지어지고 있다. 예를 들어 모든 신축이 에너지 레벨이 A 이상이어야 한다. 내가 살았던 1930년대, 1920년대 지어진 집은 난방을 켜도 켠 것 같지 않은 F 레벨이었던 걸 보면, 사는 사람을 위해서도, 절약 차원에서도 에너지 레벨은 중요하다.

하지만 친환경 집은 불편한 점도 많다. 우선 이 집은 지하수와 전기, 그리고 약간의 태양열로만 돌아간다. 네덜란드는 몇십 년 후에는 집집마다 들어가는 가스를 다 끊어버릴 계획이라고 한다. 그래서 대체 에너지로만 돌아가는 친환경 새집이 훗날 더 가치가 있을 거라는 이야기가 나온다. 미래에 대비한 집이라나. 그래서 이 집은 지하수를 이용해 냉난방을 한다. 지하 깊이 있는 물이 따뜻하기 때문에 가능한 구조다. 그리고 나머지는 전기로 돌아간다. 좋은 것은 바닥 난방이 되고, 창문, 벽 구조가 단열이 잘 된다는 점이다. 대신 기계를 사용해서 환기를 하기 때문에 창문을 계속 열어둘 수 없다. 더 안타까운 것은 이 지하수를 이용한 난방과 온갖 환기 시스템 때문에 버리는 공간이 많아졌다는 점이다. 정말 어마어마한 크기의 기계들이 필요해서 집마다 기계실만 두 개이고 대형 파이프도 너무 많다. 그러려면 생활 공간은 물론 자원이 낭비되는데, 건설사는 규정상 필요한 것을 넣어두는 데 그칠 뿐, 이런 것까지 깊이 고민하지 않는 듯했다. 정말 환경을 생각한다면 이래도 되나 싶었다. 소비자 마음도 생각해야 진짜 친환경을 실천할 수 있지 않을까?

들리는 말로는 환경을 위해서 콘크리트를 건설 현장에서 붓지 않고 다른 데서 맞춤형으로 콘크리트 벽을 만들어서 현장으로 가져온다고 한다. 그리고 현장에서는 레고처럼 조립하다시피 벽을 쌓아 올린다. 지붕이 허공에서 한 짝 두 짝 맞춰져 세모난 모양이 되는데, 아주 신기한 구경거리다. 이렇게 지으니 콘크리트가 미리 마르고 굳어서 부실 공사는 일어나지 않겠다는 생각이 들었다. 대신 시간이 엄청나게 오래 걸렸다. 우리 집이 이 신주택 단지의 42채 중 32번째였는데, 입주를 2년도 더 기다렸다. 모든 주택이 같은 시기에 다 완성될 줄 알았는데 1년이나 차이가 났다. 이 콘크리트는 벽뿐 아니라 천장에도 활용된다. 단점은 조명을 다는 데 있었다. 천장에 가벽을 씌워 낮추지 않는 이상 콘크리트에 직접 구멍을 미리 뚫어야만 원하는 위치에 조명등을 설치할 수 있었다. 건설사는 자기네 이득을 위해서 아주 기본적인 조명 위치 옵션만 제공한다. 그리고 옵션을 추가하거나, 조명의 위치를 바꾸려면 비용을 내고 콘크리트의 디자인을 따로 해야 했다. 조명을 넣기가 이렇게 비싸고 어려울 줄이야. 주문 후 완성된 콘크리트 천장은 구멍이 뺑뺑 미리 뚫려 나와 조립되었다.

건설자재 재활용도 건설사가 해야 하는 일이다. 할 수 있으면 있던 자재를 다시 쓰는데, 이 건설사에서는 기존에 있던 오래된 학교를 없애고 들어선 주거지라고, 집을 짓는 데 학교 부수고 남은 자재를 재활용했다. 각 주택의 주차 공간에 재활용 타일들을 깔았는데, 너무 낡아 42채 중 그 타일을 안 버린 집이 없다. 이러면 그냥 한 번에 버릴 쓰레기를 여러 사람이 나눠 버리는 그 이상도 이하도 아니다. 의도는 좋은데, 새 집 사는 사람들의 기대를 맞추지 않으니, 구색만 갖춘 게 아닌가 싶다.

이 집은 물을 데우는 에너지가 지하수의 열기이다 보니, 가스처럼 바로바로 온수를 만들지 못했다. 그래서인지 보일러 크기도 작아서, 20L의 온수가 하루 허용치였다. 여기저기 찾아보니, 4인 가족이 각 5분 정도의 샤워를 할 온수라니. 사실 여기는 목욕 문화도 없어 나만 걱정인가 싶었다. 아무리 비가 많이 오고 집이 물가에 있어도 캠핑장 수준으로 아껴 써야 하는 양이었다. 하지만 2년간 살면서 5분 이상 샤워를 해도 온수 때문에 고생한 적은 한 번도 없었다. 왜인지는 모르겠지만 그냥 감사히 생각하고 있다.

집을 살 때 받은 엄청난 분량의 기타 조항 책자에는 정말 황당한 조건이 많았는데, 그중에서 가장 충격적인 것은 박쥐 집에 대한 계약 조건이었다. 생태계의 일부인 박쥐나 새가 살 수 있는 터전을 마련해주어야 한다고 42채 가구 중 무작위로 몇 집은 지붕에 박쥐 집을 만들 거라는 조건이었다. 계약하던 때는 코로나가 박쥐에서 유발되었다는 뉴스가 많을 때여서 제발 우리 집은 아니길 바랐다. 박쥐 집은 지붕에 작은 틈새를 만들어 박쥐가 둥지를 틀 공간을 만든다. 박쥐 똥이 집 벽에 묻는다는 큰 단점이 있지만 박쥐가 모기 같은 해충을 잡아먹어 일부러 박쥐 집을 설치하는 사람들도 있다고 한다. 이 정도면 공생일까? 생소해서 놀랐지만 생각해볼 수록 말이 되는 것 같다. 사람뿐 아니라 모든 생물이 다 같이 살아야 하니. 그래도 박쥐와 같이 사는 건 나에게 어려운 일이다.

마지막으로 조경에 대해 이야기를 하지 않을 수 없다. 내가 사는 곳의 구청은 네덜란드 태생 나무에 진심이었다. 그래서 집 정원수(집 정원을 둘러싼 나무 겸 울타리)를 반드시 네덜란드 태생 나무인 부켄하흐로 해야 하고, 높이는 건설사가 준 대로 유지해야 한다는 계약 조건이 있었다. 어길 경우 7천만 원 상당의 벌금을 내야 한다. 정원수 조건 때문에 집을 안 살 수는 없으니 열쇠를 받은 후 내키는 대로 정원수를 바꾸다 그 악마의 계약(?) 때문에 많이들 고생한다. 예를 들어 이웃집은 60센티미터밖에 되지 않는 정원수 높이가 뛰어노는 아이들한테 위험하니 다른 나무를 심어 키를 높이려고 했는데, 어떻게 알고 구청에서 경고장을 보내왔다. 모든 집들이 조화롭게 비슷하게 지어지면 동네 전체의 조경은 통일되어 보기 좋다는 장점은 있지만, 나무 심는 것도 시의 허락을 받아야 한다니 내 땅에서 마음대로 할 수 있는 게 없는 기분이다.

 이렇게 환경을 위해서는 온갖 기술과 조건을 도입해도, 집은 열쇠로 열고 들어가는 구식이고, 인터넷으로 에너지나 수도, 조명을 조절하는 스마트홈 시스템은 아직 멀다. 네덜란드는 우리나라처럼 디지털 강국이 되고 싶은 게 아니라 친환경 나라가 되고 싶은 것 같다. 미운털 박힌 박쥐까지 생각하는 네덜란드 정부의 모습에 집 짓는 게 얼마나 심한 공해인지 깨달았다. 자연스럽게 우리 가족은 어떻게 살까, 한 번 더 생각해보게 된다. 최대한 자연에 해를 끼치지 않고 자연을 사랑하며 살고 싶은 만큼, 불편해도 그 불편함이 익숙해지고 당연해지길 희망해본다.

맨땅에 헤딩하듯 지은 전원주택

가끔 남편하고 "우리가 왜 네덜란드에 집을 샀지?"라고 되물을 정도로 네덜란드 집은 가격 대비 면적이 작다. 그리고 대부분의 땅이 해수면 아래에 있어서, 지구 온난화가 계속된다면 모두 물에 가라앉을 그런 곳이다. 네덜란드는 땅이 좁은데 사람이 많아서, 대부분의 전원주택이 한 지붕을 두고 두 채, 세 채가 함께 있는 형태다. 용어도 따로 있는데 두 채가 붙어 있으면 트베온더에인캅(Twee-onder-een-kap), 직역하면 '한 지붕 아래 두 채'다. 세 채가 붙어 있으면 드리온더에인캅(Drie onder-een-kap), 오래된 한국 드라마 이름처럼 '한 지붕 세 가족'이다. 세 채 있는 집의 가운데 집은 투슨하우스(Tussenhuis), '사잇집' 정도인데, 그 말이 꼭 '낀 집' 같다. 그리고 네 채 이상이 하나의 지붕 형태에 있으면 라이쳬스하우스(Rijtsehuis)라고 부른다. 그래도 아파트랑은 다른 점이 있다면, 전원주택을 한 지붕 아래 붙여놓은 거라, 모든 가구에 정원이 있다. 사실은 여러 채의 집인데 기다란 지붕 하나를 얹은 거라고 보면 된다. 좁은 나라에서 대부분의 가족이 아이들이 뛰놀고 햇볕을 쬘 정원이 있는 집을 꿈꾸니 이런 식의 주거 형태가 나온 것이다. 한 지붕 세 가족 주택이라도 내 집은 내 맘대로 해야 하는지 어떤 집은 창틀 색이나 지붕 타일이 다르다. 묘하게 집의 반이나 삼분의 일만 보기에 다르니 미관상 생뚱맞기는 하다.

아무튼 빈 땅에 지을 집을 분양받은 지 2년 후, 고대하던 집 열쇠를 받았다. 외양은 말끔히 정리가 되었다. 네덜란드 시골에서 흔했던 갈대 지붕이 올라간 형태의 집이다. 처음에는 금색인 양 반짝거리던 지붕이 이제는 비에 젖어 거의 고동색이 되었다. 선조의 지혜가 깃든 전통 소재인 만큼 기후에 최적화되어 난방과 냉방에도 좋은데, 처음 설치하고 나면 함께 이사 온 거나 다름없는 아주 작은 갈대 벌레들이 갈대에서 나와 온 집을 헤치고 다닌다. 그래도 초가집같이 처마 밑으로 빗방울이 똑똑 떨어지는 모습이 참 낭만적이다. 이곳에서는 새집을 지을 때 건설사가 개인의 취향을 존중한다며 골조와 기계설비, 유리창이나 문짝같이 에너지와 관련된 항목을 제외한 옵션을 제공하지 않는다. 그래서 흙밭인 정원, (마구) 노출된 콘크리트 바닥과 천장, 삐죽삐죽 튀어나온 전기선이 인상적인 집이 우리에게 왔다. 처음 집을 둘러볼 때 마음에 든 것이 채광뿐일 정도로 그냥 공사 현장인 집이었다. 본격적인 내부 공사는 우리가 알아서 해야 했다. 열쇠를 받는 당일에는 전문가를 고용했다. 이 전문가가 소비자를 대신해 건물에 흠이 있는지 살펴보고 2주 안에 건설사가 고쳐야 할 점을 정리하고 요구하는 역할을 한다. 우선 형식상으로나마 소비자 보호가 잘되어 있는 게 느껴졌다. 차고 문이 안 닫히고, 울타리가 없고, 창문이 휘어져 있는 등 한 20가지의 요구 사항이 나왔다. 어쨌든, 엄청난 문제는 없어서 내부공사에 들어갔다.

짠돌이로 알려진 네덜란드 사람들이 돈을 투자하는 분야 중 하나가 집 가꾸기다. 그런데 직접 내부 구조부터 인테리어까지 하려니 집은 정말 돈 먹는 하마였다. 사소하게는 일하시는 분들이 간편한 캡슐 커피를 원하셔서 커피머신까지 새로 구비했다. 그리고 크게는 배수관만 빼꼼 나온 날것 그대로의 콘크리트 공간에 화장실 구조를 설치하고 타일을 붙이고 변기며 욕조 등을 달았다. 내부 벽을 페인트칠할 수 있게 정리하는 것도 일이었다. 팔이 안 닿는 곳까지 기다란 장대 페인트 롤러로 프라이머를 바르고 문틀과 창틀에 꼼꼼히 마스킹 테이프를 붙이는 일을 우리가 직접 했다.

보아하니 네덜란드 사람들은 할 수 있는 한 직접 하는 걸 선호한다. 물론 비용도 비용이지만 손길이 가고 시간을 들이는 만큼 애착이 생겨서 그러는 게 아닐까 싶다. 매일 둘러보고 매일 저녁 먼지와 쓰레기를 청소하니 어쩐지 텅 빈 콘크리트 구조물이 더 우리 집같이 느껴졌다. 누가 다 해주고 몸만 들어가면 되는 편안한 집도 좋지만 이렇게 텅 빈 집에서 하나씩 만들며 크고 작은 변화를 일궈가는 게 보람 있었다. 그래서인지 우리 집은 프로젝트 계획에 인테리어 아이디어까지 셀프였다. 외주를 주는 게 아니라, 일일이 사람을 찾고, 하루에 서너 번은 공사 중인 집에 가서 작업자들께 점심도 드리고 대화도 나누고, 말장난도 했다.

이렇게 손수 다 하다 보니, 네덜란드 사람들의 집 가꾸는 취미 산업이 눈에 보였다. IT 분야에서 근무하는 네덜란드 친구 한 명은 화장실을 직접 개조한다. 동네마다 있는 이마트급 대규모 DIY 샵들에는 합판부터 꽃병까지 없는 게 없다. 그리고 살 건 정말 끝이 없다. 드릴, 사포질 머신, 정원을 가꿀 때 필요한 도구들….

조금 골치가 아픈 것은 사람을 써야 하는 모든 일들이 세분되어 있고, 뭘 한 가지 도맡아서 하는 회사가 없다는 점이다. 제품 종류마다 회사와 브랜드가 다른 건 기본이고 디자인 회사와 용역을 따로 찾아야 한다. 계단 합판, 커튼, 주방, 화장실 브랜드가 다 천차만별에 각각 전문가를 찾아 쓴다. 그래서 발품도 많이 팔고, 전화도 많이 걸고, 견적도 많이 비교해본다. 그래도 이렇게 하면서 가격도 좀 더 저렴한 곳을 찾고, 딱 원하는 디자인을 찾기 때문에 안 할 수도 없다. 무엇을 찾든 인터넷 어딘가에는 그 무엇만 전문으로 하는 회사가 있다는 결론이다. 하다 못해 화장실 타일 사이를 실리콘으로 마감해주는 전문가도 따로 있다. 이렇게 회사들이 한 우물만 파서 그런지, 제품의 질이나 결과물이 좋은 것 같다.

그중 직접 웨딩드레스를 골랐던 때처럼 정성을 들인 게 주방이다. 그리고 지금 돌아봤을 때 가장 즐거웠던 경험도 주방을 고르고 설치하는 일이었다. 우리는 주방 전문 회사를 여러 군데 다녀보다가 결국 옆 나라 독일까지 가서 빌트인 주방을 샀다. 무엇보다 네덜란드보다 가격이 최소 20%나 저렴했다. 그리고 서비스도 더 좋았다. 이 주방 회사가 있던 시골 독일 마을에서는 이렇게 주방을 사러 온 네덜란드 사람들을 위해 네덜란드 말을 쓰고 네덜란드인을 대상으로 광고한다. 독일 사람들에 대한 긍정적인 선입견대로, 우리가 선택한 독일 회사는 상담부터 설치까지 완벽했다.

그렇게 고생해서 완성한 집에도 아쉬운 점은 많다. 네덜란드 집 특성상 층별로 공간이 나누어져 있다. 처음에는 운동하는 셈 치면 괜찮겠다 했지만 빨래하고 나서 몇 번을 3층 빨래실과 1, 2층 방에 드나들다 보면 한숨이 절로 나온다. 직사각형 집 구조는 길고 좁아서 공간 활용에 제한이 있었지만 건설사를 통해 바꿀 수 없었다. 그래서 좁지 않은 집임에도 좁다는 생각이 들 때가 있다.

전원주택에 살면서 발생하는 문제 중 내 잘못이 아닌 경우, 건설사나 구청에 항의를 하면 해결이 될 수도 있다. 느리고 비효율적이라고 느껴지지만, 그래도 기다리다 보면 응대를 해줬다. '원래 이런 건가, 뭐 특별히 불편하지는 않으니까' 이렇게 생각하기보다는 이야기한다고 손해 보는 것도 없으니 바로바로, 자주 항의하는 게 좋다.

예를 들어 집 앞 개울에 녹조가 끼었는데, 여름에 더워서 그런가 보다 하고 기다리니 해가 바뀐 2월까지 그대로였다. 직접 망을 사서 걷어낼까 하다가 남편이 구청에 두 번 항의하니 구청 직원들이 2주 후에 와서 수로를 막고 있던 흙과 돌덩이를 청소했다. 그 후로는 녹색 이끼가 사라졌다!

맨 콘크리트에 헤딩하듯 만들어나간 우리의 첫 집이 2년 6개월이 걸려 거의 다 완성되었다. 좋아하는 예쁜 공간들이 조금씩 많아지면서 이제 고생했던 날보다 공간을 기쁜 일로 채우는 일이 더 많아졌다. 어느 날 바라보았을 때 마음이 부드러워지고 꿈을 꾸게 하는 구석들. 우리 손길로 만든 아름다움. 지극히 개인적이지만 이런 공간이 있어서 집에 더 애착이 간다. 만약에 이사를 또 가야 한다면, '정원에 있는 15톤의 돌과 그만큼 무거운 식탁은 어떡하지' 하는 생각이 먼저 든다. 실은 우리가 이 집에 쏟아부은 시간, 애정, 노력과 고생을 상징하는 그것들이.

혼자 알기 아까운 네덜란드 인테리어

나한테 집을 짓는 과정 중 가장 즐거운 작업은 인테리어였다. 우리 부부의 공통되거나 남다른 취향도 알아보고, 이 나라만의 트렌드도 알게 되었기 때문이다. 덴마크나 스칸디나비아 인테리어와 가구는 요새 한국에도 널리 알려져 익숙하고, 프랑스 프로방스 스타일 인테리어는 워낙 사랑을 받아왔으니 말할 것도 없지만 네덜란드 인테리어는 어떤지 잘 모르고 살았다. 그러나 본격적으로 인테리어에 빠져보니 여기도 남다른 특색이 있다.

그중 첫째가 검은색 사랑이다. 네덜란드에서는 검은색 주방과 검은색 중문이 인기다. 거기에 더해 장식대, 책장, 문틀도 검은색이고 돌처럼 검거나 회색인 화장실 등 디자인이 전반적으로 어두운 느낌을 주어 고급스러움과 아늑함을 강조한다.

어느 날 잡지를 보다가 여자아이 방에 검은색 옷장을 넣은 것을 보았는데 정말 심하다 싶을 정도였다. 듣기로는 한 맞춤 가구 전문회사가 처음으로 검은색 주방을 시작한 게 트렌드가 되었다고 한다. 겨울은 길고 비도 많이 오는 어두운 나라에서 왜 굳이 집까지 어둡게 하는 걸까? 생각해보면 되레 흰색보다 따뜻한 느낌이 있는지도 모르겠다. 나도 검은색을 좋아하는 편이라, 예전에 살던 아파트 화장실을 개조하면서 화장실 천장을 검은색으로 칠한 적이 있는데 그 아늑한 느낌이 좋았다. 하지만 개인적으로 온통 어두운 인테리어는 답답하게 느껴지고, 호텔 바가 연상된다.

이곳 사람들은 검은 캔버스에 마치 흰색으로 악센트를 주듯 대리석 장식도 자주 설치한다. 그것을 계속 보다 보니 은근히 떠오르는 게, 네덜란드 17세기 초상화들이다. 부유한 상인들의 초상화인데, 당시 어마어마한 부자들이었던 그들은 상복 같은 검은색 옷에 흰 레이스를 달아서 입었다. 네덜란드 검은 인테리어 사랑도 이때 감성이랑 연관이 있는 걸까? 찾아보니 이런 설이 있다. 17세기 네덜란드에는 검소함을 중시한 신교와 칼뱅주의의 영향이 컸다. 옷은 가장 좋은 섬유로 만들고 귀하고 값비싼 레이스를 달지만, 검은색을 사용함으로써 다른 유럽 지역에서 보이던 바로크식 화려함을 가렸다.[41] 한편으로는 검은색이 17세기 당시 가장 비싼 염료였다고도 한다. 검은색 옷을 입었다는 건, 가장 좋은 옷을 걸쳤다는 것을 뜻했다.[42] 그런 역사적인 영향도 있겠지만 비가 자주 오는 날씨에 검은색 옷을 많이 입는 만큼, 이곳 사람들에겐 검은색이 친근하고도 익숙한 색이 아닌가 싶다. 뉴요커들은 검은색 옷을 실용적이기 때문에 입는다는데, 어쩌면 손자국, 음식 자국 잘 안 보이는 검은색을 실용성 때문에 찾는 건 또 아니었을까.

네덜란드의 인테리어에 자주 쓰이는 검은색만이 주는 아늑하고 고급스러운 느낌이 있다.

네덜란드에는 우리나라에 비해 집 안에 방이 훨씬 많다. 거실도 주방과 소파가 있는 공간을 다 문으로 나누어 방처럼 만든다. 대문을 열어 복도에 들어섰을 때 어느 문을 열어야 하나 싶을 때도 있다. 한 문을 열면 기계실, 한 문을 열면 화장실, 한 문을 열면 위층으로 가는 계단, 한 문을 열면 옷장, 이런 식이다. 그렇게 문을 달아서 냄새나 소리를 차단하고 먼지가 안 들어오게 하는 것이다. 집을 거래할 때는 거실도 방 하나로 친다. 우리나라의 중문이 밖과 안을 구분 짓는다면, 이곳의 문들은 각 공간을 구분 짓는다. 문이 얼마나 많은지 모른다. 우리나라의 옛 방 구조가 이불 펼치면 침실이고, 밥상 들여놓으면 식사 공간이고, 책상 놓으면 공부방이고, 이런 열린 개념이라 그런지 나는 모든 구실과 역할이 미리 나뉘어 공간화된 네덜란드 스타일의 집이 답답하게 느껴졌다.

내가 보기에 무엇보다 이곳 사람들은 각 방이 각각의 기능을 하기를 원하는 것 같다. 그리고 갓난아기도 자기 방을 갖는다. 가능하다면 아이마다 방을 따로 주고, 독립적인 마음을 기르게 한다.

네덜란드의 문에 대한 또 한 가지 발견은 대문이다. 암스테르담에서는 못 봤고, 교외로 나오면서 종종 보는 옛날식 문인데, 이 문은 반만 열린다. 밖에 사람이 왔는데, 문을 다 열어주고 싶지 않으면, 위쪽 문만 열면 된다. 코로나 훨씬 전부터 이 사람들은 거리두기를 실천했나 보다. 집은 외부로부터 자유로운 개인의 공간인 만큼 아무나 함부로 들어올 수 없는 것이다.

내가 봐온 대부분의 네덜란드는 깔끔한 편이다. 암스테르담 시내는 관광객이 많아서 예외다. 집 옆에 너저분하게 뭐가 쌓여 있으면 이웃들이 한마디 하거나 뒷담화한다는 것을 생각해야 할 정도다. 집도, 쓰레기도 잘 정돈하고 청소하는 편이고 기술력이 좋은 나라인 데다 또 그 비슷한 나라인 독일의 이웃 나라다 보니 여러 가지 관련 연장들과 기계들도 많다. 뭔가 불편하다, 깔끔하지 않다 싶으면 효율성을 도모한다. '대충 그냥 놔~' 같은 '대충'의 마음가짐은 보기도 어렵다. 그래서인지 모든 게 매립형, 붙박이형이다. 군더더기 같은 파이프나 닦고 관리하기 힘든 것은 벽 안으로 다 집어넣는 것이다. 가장 흔한 예는 붙박이 식기세척기, 오븐, 전자레인지, 인덕션, 냉장고다. 겉으로 보기에는 그냥 서랍이지만 사실은 냉장고이고 사실은 식기세척기이고 그렇다. 붙박이 옷장도 마찬가지다. 매립형 샤워기와 수도꼭지가 더 깔끔해 보이고 석회도 덜 낀다. 전반적인 조명은 매립형으로 하고 장식용 조명은 다는 조명(Hanging lamp)을 쓴다.

이 중 내가 가장 좋아하는 게 바로 매립형 전기주전자 겸 탄산수 제조기다. 쿠커(Quooker)라는 네덜란드 회사의 발명품인데 가정집뿐 아니라 회사에서도 많이 쓰인다. 수도에 보일러와 가스탱크를 달아서, 수도꼭지만 돌리면 뜨거운 물이 바로 나오거나, 탄산수를 먹을 수 있는 구조다. 물이 끓을 때까지 기다리지 않아도 될 뿐 아니라 전기주전자가 부엌에 나와 있지 않아서 좋다. 국수 삶을 때, 시금치 데칠 때, 커피 내릴 때, 차 마실 때 정말 요긴하다.

검고, 방이 많고, 뭐든 깔끔하게 만든다는 특징을 떠나 미적인 측면에서 내가 느끼는 네덜란드식 인테리어 스타일은 보헤미안이다. 덴마크나 일본의 군더더기 없이 정돈된 인테리어와 비교하면 투박하다. 자연에 영감을 받은 내추럴 톤 원목 테이블의 경우에도 네덜란드 테이블은 좀 더 실용적이고 편안한 느낌이다. 다리는 튼튼하게, 상판은 네모나게 공이나 나뭇결이 있는 원목을 써서 더 자유분방하다고 해야 할까. 그리고 전반적으로 자연에 더 중심을 둔 스타일이라 초록색 톤으로 거실 벽을 칠하고, 식물을 많이 두고, 액자를 많이 써 깔끔한 느낌보다는 자연스러운 느낌을 준다.

인더스트리얼 디자인도 빼먹을 수 없다. 노출 콘크리트, 무쇠로 만든 식탁 다리, 전반적으로 자재 자체의 회색, 검은색을 살린 스타일이다. 쿨하고 멋지다. 우리나라에서는 보통 카페에서 볼 수 있는 인테리어지만 이를 집이나 사무실에 들여오는 것도 종종 볼 수 있다.

이렇게 쓰고 보니, 네덜란드 사람들은 틀을 많이 깨는 듯하다. 흰색 주방이 아닌 검은색, 여백과 단순함의 젠 스타일 아닌 맥시멀리즘, 무쇠나 사슬을 인테리어에 쓸 생각까지.

내가 처음 네덜란드에 관심을 가지게 된 것도 건축 잡지를 읽으며 접하게 된 이 나라의 건축 디자인 때문이었는데 '어떻게 이런 빌딩을 지을 생각을 할까?', '어떻게 지었을까, 어떤 느낌일까, 너무 멋지다', 이런 생각을 했었다. 진보적이라고 해야 할까. 첫인상 때문인지 네덜란드의 인테리어 브랜드를 볼 때에도 비슷한 생각이 들었다. 일반적으로 소비되는 인테리어나, 옷이나, 집은 일반적이고 평범한데, 그 일반성에 네덜란드만의 실용적이고, 합리적이고, 센스 있는 특성이 배어난다. 하지만 일반적인 것 말고, 네덜란드에서만 보이는 걸 생각해보면 비정형적이고, 유쾌하고, 자유분방하고, 컬러풀하고, 가끔은 좀 괴팍하고 그렇다.

눈에 들어온 네덜란드 토종 인테리어 브랜드 세 개를 추려보았다. 브랜드 반 에그몬드(Brand van Egmond)는 수공예 조명 건축물·조명 전문 브랜드다. 인상 깊고 약간 괴기스럽다. 폴스 포튼(Pols Potten)은 컬러풀하고 유쾌하고 이상스럽게 풀어낸 장난 같은 제품들이 많다. 그 와중에 소파나 의자는 무난하고 자연스러워 그런 독특한 소품과 더 잘 어울린다. 모오

오이(Moooi)는 네덜란드어로 아름답다는 뜻의 모오이(Mooi)에 알파벳 o를 하나 더 넣어 브랜드명을 만들었다. 그 결과는 형용할 수 없는 신선함(?)이다. 가끔은 좀 너무 이상하다 싶기도 하지만 실험적인 브랜드인 만큼 계속 틀을 깨려는 것 같다. 우리나라의 디자이너와 협업을 하기도 한다.

그러나 이곳도 어디나처럼, 트렌드가 온 가정을 다 휩싸버린다. 42채의 신주택 단지의 사람들이 입주를 준비할 때 모두가 다 헤링본 마루에 검은색 주방, 검은색 장식장을 넣는 게 아닌가 싶을 정도였다. 최신 유행을 따르고 싶어 하는 마음은 국가를 가리지 않나 보다.

5장

먹다 보면 정드는
네덜란드 음식

네덜란드의 식문화 미니멀리즘은 혀를 내두르게 할 때가 많다. 따뜻한 음식(Warme maaltijd)은 하루에 한 끼만 먹는다. 따뜻한 음식에는 요리한 음식, 고기와 야채를 먹는 것도 포함된다. 그 말인즉, 하루의 나머지 두 끼는 안 그렇다는 것이다. 나머지는 요거트를 먹거나 빵에 치즈를 한 장 얹어 먹는다. 야채도 없다. 그렇다고 빵을 많이 먹는 것도 아니다. 그냥 한두 쪽 먹는다. 하다 못해 네덜란드의 국적기인 KLM 항공사에서 주는 점심은 치즈만 들어간 샌드위치다. 그리고 샌드위치에 내용물이 하나라도 더 들어가면 "호화(Luxe)" 샌드위치라고 불린다. 우리나라의 상다리 휘어질 정도의 식사를 보면 왜 그렇게 많이 먹는지 이상해할 것이다. 음식이 간단하기도 하지만 먹는 데도 효율이 중요하다. 샌드위치를 회사에 싸 와 일을 하면서 먹는 모습이나 그마저도 빨리 먹는 모습을 보면 알 수 있다.

자국민, 외국인 할 것 없이 네덜란드의 식문화를 이야기할 때면 만장일치로 네덜란드 음식이라는 건 없다고 한다. 그럴 만한 것이 네덜란드에서는 보편적으로 음식은 그냥 배를 채우고 우리 몸의 연료로 쓰기 위해 먹을 뿐, 즐거움을 위해 먹는다고 생각하지 않는다. 네덜란드 사람들의 치즈 사랑은 유명해서 그들을 두고 비웃듯 '치즈 머리(Kaaskop)'라고 부르기도 하지만 그렇다고 치즈가 네덜란드만의 음식인 것은 아니다. 네덜란드의 식민 경험에서 만들어진 인도네시아나 카리브안 퓨전음식도 네덜란드만의 음식은 딱히 아니다.

하지만 곰곰이 생각하면 누가 네덜란드 음식이 없다고 그랬나 싶을 정도로, 음식에 대한 이야기 보따리는 끝도 없이 나온다. 예를 들어 스페퀼라스 과자같이 무역의 역사를 통해 만들어진 음식들은 그냥 효율적인 식문화의 일부라기에는 재미있고 특별하다. 과거 네덜란드인들이 미국에 이주하면서 어떤 네덜란드 음식들은 우리가 흔히 아는 음식이 되었다. 한 예로 12월 31일에 먹는 올리볼렌(Oliebollen)이 도너츠의 원조라는 말도 있다.[43] 그 외에도 스트룹와플(Stroopwafel), 더치커피처럼 네덜란드의 단순하지만 맛있는 음식들이 우리 주위에 많다. 효율과 미니멀리즘이 전부가 아니다. 살아볼수록 네덜란드만의 음식이 내 눈에는 보인다. 맛있고, 푸근하고, 또 생각나는 그런 맛깔나는 음식이다.

김치랑 어울리는 네덜란드 음식

크~ 하고 먹게 되는 따끈한 국물. 설렁탕에 밥을 말아 먹거나 칼국수를 먹을 때 찾게 되는 시원한 김치. 그 매콤하고 신맛이 진한 국물과 조합을 잘 이룬다. 너무도 다른 네덜란드 음식 중 우리 음식과 코드가 비슷한 것이 있다. 김치를 얹어 먹으면 더 맛있는 네덜란드 요리는 바로 얼튼수프(Erwtensoep), 혹은 스너트(Snert)라고 하는 완두콩죽이다.

얼튼수프는 쌀 대신 콩과 고기가 들어간 죽이다. 네덜란드에서 일컫는 수프는 우리의 죽에 가깝고 부이용(Bouillon)은 국물에 가깝다. 특히 이 콩죽은 내용물이 꾸덕꾸덕해서 숟가락이 국 안에 설 정도다. 얼튼수프 혹은 스너트라고 섞어 말하기는 하지만, 마니아 사이에서는 사실 아주 중요한 차이가 있다. 수프를 끓여서 하룻밤을 놔두면 더 꾸덕해지는데 그래야만 '스너트'라는 별명에 걸맞다. 꾸덕하지 않으면 감자를 넣어 농도를 맞추기까지 하니, 꾸덕이 진리인 이런 수프도 드물다. 당근, 양파, 셀러리 뿌리 같은 채소와 자투리 돼지고기를 넣어 푹 곤 후, 건더기는 걸러내고 남은 국물에 불린 완두콩을 함게 삶은 후 갈아낸다. 거의 쓰이지 않는 자투리 고기를 고아내서 우리 국물 맛처럼 깊은 맛이 나는지도 모르겠다. 한국 사람들로부터 녹두죽 맛이라는 이야기도 들었고, 한국에 돌아가니 그리운 네덜란드 음식이라고도 들었다. 덴마크의 완두콩 수프는 밝고 환한 초록색에 차갑게 해서 여름에 먹는다면, 네덜란드의 완두콩 수프는 색깔도 누리끼리하고 뜨겁게 만들어 겨울에 먹는다.

16세기에 적힌 레시피가 있다니 이 정도면 전통 음식이다. 당시 서민들은 한 집에 요리용 냄비가 하나밖에 없어서 냄비 하나로 만들 수 있는 요리를 많이 했다고 한다. 그리고 여자가 바깥일을 도와야 했기에 아침에 재료를 다 넣어두고 저녁에 돌아와 바로 먹을 수 있는 이런 스프가 만들어졌다.[44] 네덜란드가 가난하던 시절, 겨울에 없는 식재료를 싹싹 긁어모아 물을 붓고 만들어 부피를 늘린 음식이었지만 이제는 훈제 소시지도 같이 넣어 건져 먹는 재미도 있다. 그리고 김치랑 같이 먹으면 궁합이 아주 최고다.

네덜란드 사람들은 사소하지만 전통 있고 기술이 필요하고 모두가 관심을 가지는 것에 누가 누가 잘하나 챔피언을 가리기도 한다. 예를 들어 크리스마스 때 먹는 빵 챔피언십, 새해맞이 도넛 올리볼렌 챔피언십, 벽에 석회 미장하는 챔피언십들이 있다. 당연히 얼튼수프 챔피언십도 있다.

시간을 들여 집에서 만들어야 하는 번거로움을 줄이기 위해 요새는 캔이나 통으로 된 얼튼수프를 판다. 바로 데워 먹으면 인스턴트 죽이 따로 없게 간편해졌다. 주로 겨울, 혹은 알파벳 r이 들어가는 달(September, Oktober, November, December, Januari, Februari, Maart, April)에 먹는다는 말이 있다.[45] 아무래도 여름에 먹기에는 너무 진하고 뜨끈하다고 생각하나 보다. 하지만 r이 들어가는 달을 적고 보니 1년의 절반 이상이다. 만약 네덜란드에서 전통 음식이 먹고 싶다면 슈퍼나 정육점에서 유기농 얼튼수프 혹은 스너트를 사 데워 먹어 보길 권한다. 네덜란드 사람들처럼 효율도 챙기고 돈도 굳고 맛있기까지 하니 로컬 체험이 따로 없다.

비주얼 테러, 더치 크로켓

네덜란드에서 살기 전, 출장을 이유로 암스테르담에 방문한 적이 있다. 추운 겨울이었기 때문에 퇴근 전에 해가 져서 저녁은 가끔 호텔에서 먹었다. 어느 날은 네덜란드 전통 음식을 먹어보고 싶어서 호텔에서 추천을 받았다. 그래서 나온 메뉴는 크로켓(Kroket). 그 음식은 문화 충격이었다. 기다란 모양의 튀긴 소시지 같은 것을 가르니 초록색 '꾸덕꾸덕'한 밀가루 진액이 주욱 하고 나오는데 그걸 맨빵에 잼처럼 발라 먹는다니! 나는 그것을 보자마자 뜨악하였고, 혐오 음식만 아니면 음식을 가리지 않는 식성에도 '이것만큼은 패스'하고 싶을 정도였다. 그만큼 찐득하고 텁텁하고 맛이 없었다. 그리고 십 년이 더 흘러 나는 남편과 점심때 레스토랑에 가서 그 정체불명의 크로켓을 주문해 반반 나눠 먹고 있다. 십 년이면 강산도 변하는데 입맛쯤이야! 크로켓은 이제는 나도 꽤 좋아하는 겉바속뜨 국민 간식이지만 안이 터졌을 때 외양이 혐오스러운 건 여전하다.

네덜란드의 크로켓은 보통 빵과 함께 간단한 점심 메뉴로 대부분의 음식점에서 사 먹을 수 있다. 우리가 알고 있는 크로 켓과 비슷하지만 안에 감자나 생선이 들어가지 않고 밀가루 를 푼 죽에 자투리 고기와 야채를 넣어 만든다. 그 밀가루 죽 루(Roux) 때문에 내가 경험한 꾸덕꾸덕한 내용물이 만들어진 거였다. 다진 고기와 야채를 빵 안에 넣는 대신 튀김옷을 입 혀 튀기면 네덜란드식 크로켓이 탄생한다. 모양이 길쭉하면 '크로켓'으로 식사용이고, 경단처럼 작고 동그라면 '비터볼른 (Bitterballen)'이라는 이름으로 둔갑해 술안주로 먹는다. 내용 물은 같다.

길거리 자판기 스낵바(Febo)에서 1~2유로를 주고 사 먹든, 레스토랑에서 8~10유로를 주고 사 먹든 크로켓엔 겨자소스 가 필수다. 튀긴 간식거리를 좋아하는 네덜란드 사람들은 어 떤 튀김이냐에 따라 곁들이는 소스에 진심이다. 크로켓과 비 터볼른은 무조건 겨자소스다. 실제로 알싸하고 매콤한 겨자 소스가 쫀득하고 느끼한 크로켓에 잘 어울린다. 안주로 먹는 비터볼른은 손가락으로 집어 먹는다. 한입 베어 물 때 입천장 을 조심해야 하는데, 안이 보통 무지하게 뜨겁다. 크로켓은 점 심때 빵에 '발라' 먹는다. 손으로 잡고 한입씩 먹어도 되지만, 식당에서는 포크와 나이프로 먹어주자. 왜냐하면 같이 나오는 빵에 떡칠을 해줘야 하기 때문이다. 바삭바삭한 껍질을 퍽하 고 으깨면 나오는 반죽. 그걸 빵에 문지르고 그 위에 겨자소스

를 떡칠해 칼로 맛있게 잘라 먹는다. 입천장을 데지도 않고 손
가락에 겨자가 묻지도 않는다.

십 년이 지난 후 다시 먹은 크로켓 맛은 꾸덕하고 고소하고
짭짤하고 바삭했다. 식빵 맛도 나고 겨자까지 알싸히 어울려
느끼한 것을 잡아주는 듯하면서도 아주 느끼한, 한입 먹으면
질릴 것 같아도 자꾸 더 먹게 되는 맛이다. 김치나 피클도 잘
어울릴 것 같다. 우리나라의 순대처럼, 그 나라 안에서는 어디
서나 흔하고 만인이 좋아하는 음식이지만, 익숙해지고 그 맛
에 빠져들기 전까지는 이해되지 않는 음식이랄까. 다이어트에
는 도움이 되지 않으니, 요새 우리에게 크로켓은 특식이 되었
다. 어린 시절 특식으로 감자튀김에 크로켓을 먹었다던 남편
의 추억을 공유할 수 있어 좋다.

비 오는 날의 소울푸드

비가 오는 흐린 날 옆 동네 블라리쿰(Blaricum)에 점심을 먹으러 갔다. 네덜란드의 성북동이라 할 만큼 부자 동네로 유명하지만, 막상 가보면 시골처럼 한적하고 가게들도 아기자기한 마을이다. 이 동네의 오래된 식당 중 한 곳인 무크 스파이크스트라(Cafe Moeke Spijkstra)는 약 100년 전에는 식당이 딸린 숙소, 주막 같은 곳이었다. 지금은 식당이자 술집인데, 매일 저녁 비교적 저렴한 가격에 당일 특선 메뉴를 먹을 수 있다. 이곳에서 점심을 먹어보기로 했다. 1902년부터 시작했다니 유서 깊다. 네덜란드에서는 테이블에 카펫을 깔면 딱 퀴퀴하고 오래된 선술집 분위기가 만들어지는데 이곳도 테이블 위에 구리구리한 카펫을 깔아 장식해두었다.

주막 하면 객인에게 숙소이면서 따듯한 음식으로 허기를 채우고 낯선이와 말도 섞는 장소가 떠오른다. 식당 이름의 '무크'는 어머니를 뜻하는 무더(Moeder)의 오래된 말이라니, 어쩐지 내 머릿속에는 바쁘게 움직이며 손님들과 잡담하는 주모의 모습도 떠오른다. 네덜란드의 주모는 어떤 모습이었을까. 음식 잘하고 맘 따듯해서 엄마라 불리는 주모는 푸근한 모습 아닐까. 무크 스파이크스트라의 '스파이크스트라'는 성이다. 그럼, 우리식으로 번역한다면 스 엄마네 식당쯤 될 것이다. 하지만 2023년의 현실은 주모는커녕, 주방 시작도 전에 온 밥 손님이 마음에 안 드는지 툴툴거리는 웨이터다. 기대와는 달라 첫인상은 실망스러웠다.

하지만 뭔지도 모르고 그냥 시킨 식사가 나오자, 불만이 싹 가셨다. 푸짐해 보이고, 따듯해 보여 스산하고 추운 날에 딱 맞았다. 내가 시킨 건 오슨하스푼쳬스(Ossenhaaspuntjes)로, 자투리 고깃국 정도로 번역해본다. 오랫동안 먹고 싶었던 비터볼른도 추가했다. 오슨하스푼쳬스가 나왔다. 소고기가 그레이비(Gravy, 고기를 익힐 때 나온 육즙에 밀가루를 풀어 넣은 소스)라고 하기엔 양도 많고 묽은 국 같은 소스에 푹 잠겨 나왔다. 그리고 우리나라 흰쌀밥처럼 여기 사람들에게 '밥심'을 주는 흰 빵도 함께 곁들였다. 샌드위치나 빵 한 조각이 점심인 네덜란드 식습관을 생각하면, 고깃국 같은 이런 구성은 특별하다. 남편은 남은 빵으로 그레이비를 닦아(?) 먹으면 좋겠다니, 역시 이런 보드랍고 흰 식빵이 국물 찍는 '스펀지'로는 제격이다. 하지만 그레이비가 너무 많아서 먹다 보니 밥을 국에 말아 먹는 국밥처럼 빵을 국에 말아 먹게 되었다. 처음에는 빵을 조금 잘라 적셔 먹다가 마지막에는 식빵이 다 들어갔다. 국물이 아무리 묽어도 버터 맛 진한 소고기 그레이비라 속이 시원해진다 거나 하지는 않는다. 후후 불며 뜨거운 맛에 먹는 음식도 아니다. 그래서 국밥과 비교할 수는 없어도 고소하고 진한 맛은 추운 날 맘을 후끈하게 해준다. 그런 점에서는 국밥 같은 게 아닐까 싶다. (빵이랑 먹으니 국빵인가.) 주막이며 주모를 떠올려서 국밥이 생각나는지도 모르겠다. 옛날 네덜란드가 가난했던 시절 특별한 날, 어머니가 해주는 그런 음식일 것 같다. 한 그릇 싹 비우니 비 때문에 우중충해졌던 마음도 홀가분해진다. 소울푸드로 합격!

네덜란드의 소울푸드를 말할 때 스탐폿(Stamppot)과 흐학트볼른(Gehaktballen)은 네덜란드의 대표적인 음식인 만큼 꼭 이야기해야 할 것 같다. 관광객을 대상으로 한 네덜란드 가정 식당이든, 일반 가정집에서든, 겨울이 오면 꼭 눈에 띄고 슈퍼마켓에 가도 바로 조리해 먹을 수 있는 스탐폿 밀키트가 많이 보인다. 감자 수확기가 끝난 후 겨울철에 많이 먹었다고 하니 네덜란드 사람들의 배고픔을 꽉 채워주는 보양식이다. 그래서 스탐폿이 뭐냐면, 버터나 우유를 섞은 매쉬드 포테이토(아주 곱게 으깬 감자)에 여러 가지 채소를 넣은 음식이다. 미리 익혀둔 채소는 감자와 섞이며 하나가 된다. 어떤 채소를 넣느냐에 따라 이름이 달라진다.

부른콜 스탐폿(Boerenkoolstamppot): 케일을 넣은 으깬 감자

훗스폿(Hutspot): 양파랑 당근을 넣은 으깬 감자

주어콜 스탐폿(Zuurkoolstamppot): 사워크라우트(절인 배추)를 넣은 으깬 감자

엔다이브 스탐폿(Andijviestamppot): 치커리를 넣은 으깬 감자

훗스폿만 이름이 좀 다른 데에는 이유가 있다. Hutspot이라는 단어는 Hutsen(섞다)과 Pot(냄비)에서 유래되었다. 설에 따르면 스페인과의 8년 전쟁 중 스페인이 네덜란드의 도시 레이덴(Leiden)을 차지하고자 하는데 주민들이 스페인 점령군을 쫓아내고 도시를 되찾았다. 그때 스페인 병사들이 남기고 간 고기, 당근, 양파를 섞은 감자 스튜를 발견해 배고픈 대로 허겁지겁 먹었다는데, 그 익숙하지 않은 스튜를 대충 '섞은 냄비 요리(Hutspot)' 정도로 칭한 게 정식 이름으로 정착되었다는 거다.[46] 스탐폿은 주로 미트볼이나 훈제 소시지와 같이 먹는다.

흐학트볼른은 미트볼이다. 흐학트(Gehakt)는 다졌다는 뜻이다. 네덜란드 사람들은 살코기 중 상대적으로 가격이 저렴한 다진 고기를 많이 먹는다. 하지만 다진 고기로 만든 네덜란드의 미트볼은 일반 미트볼의 한 세 배 크기인 게 특징이다. 어떤 것은 과장을 조금 보태 축구공만 하다. 그래서 보기에 더 푸짐해 보인다. 정육점에서 사는 미트볼은 스팸 맛이 나는 즉석 소시지와 함께 종종 생각날 정도로 맛있다. 단순해 보여도

손이 많이 가는 음식으로, 해 먹기 귀찮은 게 현실이다. 만들려면 우선 끓이고, 찌면서 굽는다. 시간도 오래 걸린다. 하지만 그만큼 맛있고 마음속까지 뜨뜻해지는 느낌이다.

200년 된 미니 팬케이크 포장마차

네덜란드의 빵이나 과자는 새로운 것보다 항상 먹는 것을 더 맛있게 만드는 게 중요하다. 사람들이 새로운 것보다는 스테디셀러를 더 찾는 것 같다. 버터가 많이 들어가는 보터쿡(Boterkoek)이나 아몬드 마지팬이 앙금처럼 들어가는 헤불드 쿡(Gevulde koek)은 프랑스나 독일의 빵, 과자에 비하면 평범해 보이지만, 심플한 만큼 누구 입맛에든 맞고 언제 먹어도 질리지 않는다.

포퍼체스(Poffertjes)도 그렇다. 스트룹와플만큼 유명하지는 않지만, 네덜란드 사람이라면 피크닉이나 페스티벌, 페어에서 사 먹는 포퍼체스의 행복을 안다. 동글납작한 포퍼체스는 부드럽고 달달한 미니 팬케이크 같다. 타코야끼 만드는 과정을 떠올리면 되는데, 반죽을 동그란 틀에 넣어 핀으로 돌리고 돌려 잘 익힌 후 슈가파우더를 뿌려 먹는다. 요새는 슈퍼마켓에서 이미 만들어진 포퍼체스를 사 먹으면 되지만, 사서 먹어본 적은 없다. 바로 만들어진 걸 따뜻하게 먹는 것만큼 행복한 것도 없으니. 우리나라 길거리 음식으로 비교해본다면 핫도그랄까? 아무리 냉동 핫도그가 나와도 갓 나온 것을 바로 그 자리에서 먹는 것에는 비교가 되지 않는다.

어느 날 예쁜 동화 속 마을 같은 라런(Laren)에서 큰 나무들 사이에 있는 포퍼체스 상점을 발견했다. 남편하고 벼르고 벼르다 "그래, 하나만 포장해서 공원에서 나눠 먹자"며 회전목마 같은 분위기의 상점 안으로 들어가게 되었다. 그런데 반전이었다. 들어서자마자 이곳이 그냥 작은 길거리 포장 음식점이 아니라 거대 포장마차(?)라는 걸 알 수 있었다. 시끌벅적한 내부, 유니폼을 입은 숙련된 포퍼체스 마스터들의 빠르게 움직이는 손놀림, 진짜 나무를 태워 오븐에 구워 만드는 과자들. 갑자기 시공을 뛰어넘어 200년 전 그림 안으로 들어온 기분이었다.

창에는 커튼이 드리워져 있고 부스가 있는 홀에, 샹들리에까지 밝혀진 이런 곳이 유럽의 포장마차구나 싶었다. 남녀노소, 가족, 커플 할 것 없이 다들 모여 앉아 잡담을 나누고, 맛있는 것을 함께 먹을 생각에 신나는 곳. 우리도 자리를 잡아 메뉴를 보고 있는데, 메뉴에 함께 적힌 역사에 대한 설명을 읽으니, 역시 1837년부터 시작된 전통이 있는 곳이었다. 1837년의 사람들도 지금과 별반 다르지 않겠다 싶었다. 옷만 다르다 이렇게 포퍼체스를 먹으려고 들떠 왔겠지. 알고 보니 와플도 함께 파는 곳이었다. 우리가 아는 와플하고는 다르게 아주 얇고 바삭바삭한 와플인데 100년도 더 된 무쇠 오븐으로 구워 만든다. 즉석에서 만드는 모습이 아주 인상적이었다. 특히 사용할 버터를 한쪽에 올려 뒀는데 그 크기가 전자레인지보다 더 컸다. 나름 작은 크기의 버터를 차곡차곡 모아서 완성된 거대한 버터에 장식 문양까지 꼼꼼히 찍었다.

우리는 하나 사서 나눠 먹자는 말이 쑥스럽게 종류별로 다양하게 시켰다. 오리지널과 럼이 올라간 포퍼체스는 물론, 아름답고 오래된 은색 기계에서 나온 와플도 안 먹어볼 수가 없었다. 포퍼체스의 토핑이 슈가파우더 말고 뭐가 있을까 싶었는데, 이곳에서는 럼뿐만 아니라 그랑 마니에르도 끼얹어 준다. 어른들 낮술하는 방법도 여러 가지다. 호떡에도 복분자를 끼얹어 먹으면 맛있을까? 막상 먹은 럼을 곁들인 포퍼체스는 설익은 것 같고 써서 별로였다. 역시 스테디셀러가 가장 무난하다. 그래도 주문받고 음식이 들어가는 과정에서 시끌벅적 시장통의 생기가 느껴지니 좋았다. 사람들끼리 부대껴도 바깥에서 맛있는 음식을 먹고 친한 이들과 담소하는 시간이 황금 같다는 걸 네덜란드 사람들도 알고 있었다. 예전에는 이런 포장마차들이 더 많았다고 하니, 약 200년 전의 네덜란드의 풍경은 사뭇 달랐겠다 싶다.

계피 향 가득한 모닝빵

기차역에 항상 보이는 키오스크 앞에 가면, 어딘가로 이동 중인 사람들이 간편하게 뭘 먹는지 알게 된다. 바나나, 사과, 스니커즈, 쿠키, 크루아상, 샌드위치, 물, 우유, 탄산음료, 주스… 뭐 이런 평범한 '서양식' 간식들 사이에 나름 네덜란드만의 먹거리들, 간편식들이 숨어 있다.

그중 하나가 비닐에 포장된 갈색 슬라이스 빵이다. 아무것도 따로 안 들어가 겉보기에는 길쭉한 세척용 스펀지처럼 보인다. 그다지 맛있어 보이지 않아서 한번 먹어보는 데 몇 년은 족히 걸린 것 같다. 그 갈색 빵의 정체는 온트바이트쿡 (Ontbijtkoek)인데, 직역하면 '아침용 빵'이다. 식감은 좀 뻑뻑하고 꾸덕꾸덕한 파운드케이크다. 스펀지케이크가 폭신폭신해서 스펀지라면 이 케이크는 매트리스다. 호밀이 주재료라 빵에 짙은 갈색이 돈다. 위아래 부분이 짙게 캐러멜화된 만큼 혀에 달라붙고 풍미가 깊다. 그리고 설탕하고 계피가 들어가서 은은한 달콤함이 풍기는데, 커피랑 먹으면 어울린다. 간식으로도 먹고 아침으로도 먹는다. 우리가 모닝빵으로 부르는 아주 부드럽고 연한 동글동글한 빵하고는 너무 다르다.

얼마 전 장을 볼 때 커다란 온트바이트쿡을 7년 만에 사봤
다. 버터를 얹지 않고 커피가 없으면 좀 목이 메고 맛도 별로
지만, 호밀이라 밀가루보다 소화가 느려 오랜 시간 든든하다.
그리고 아침에 단 게 당길 때 먹기 편하고, 저렴하고, 보관도
오래 할 수 있는 장점이 있다. 무엇보다도 특별한 점은 아침
에 온트바이트쿡을 먹으면 하루를 계피 향으로 열 수 있다는
점이다. 네덜란드 사람들은 계피를 정말 많이 쓴다. 거의 모든
달콤한 음식에 조금씩은 들어가는 것 같다. 네덜란드의 지역
마다 나름의 온트바이트쿡이 있는데, 그중에 유명한 게 데벤
테르(Deventer, 현지 발음으로 데이븐터에 가깝다)라는 한자(Hansa,
중세 북유럽의 상인조합) 도시의 데벤테르쿡(Deventerkoek)이다.
너무 유명한 특산물이라 데벤테르를 쿡의 도시(Koekstad)라고
부를 정도다. 중세 시대 때부터 만들기 시작한 빵인데, 지금은
지역 특산물이면서도 한 회사에서만 만들어, 데벤테르의 아기
자기한 중심가에 있는 오래된 건물에서 살 수 있다.[47]
어린 시절 운동회 때 했던, 달려가서 줄에 매달린 빵을 손을
안 쓰고 입으로 떼어 먹고 돌아오는 게임이 있다. 네덜란드에
도 그 게임이 있는데 주로 어린 시절 생일파티 때 한다고 한
다. 그때 이 빵이 줄줄이 달린다. 단단한 편이라 부서지지도
않고 달짝지근해서가 아닐까 싶다. 여기서는 그 게임을 쿡하

폰(Koekhappen, 케이크 떼 먹기 정도로 번역해본다)이라고 한다. 그러고 보니 우리가 산 온트바이트쿡 포장에도 빵이 줄에 매달린 그림이 있었다. 역시 아는 만큼 보인다. 다음번에 온트바이트쿡을 사게 되면 집에 줄을 걸고 빵을 매달아 게임 한번 해봐야겠다!

네덜란드식 짜장면집

오늘 저녁은 포장 음식이다. 집 근처에 보이던 음식점이 어떠냐고 하니, 남편이 가게 메뉴를 꼼꼼히 살피고는 군침을 흘린다. "뿌용하이, 챱쵸이, 나씨, 바아미~ 프라이드바나나" 하면서 무슨 메뉴를 읊는데, 음식 이름만 읽어도 천국에 가나 보다. 들어보니 이 음식점은 네덜란드에 흔한 더치식 중국집이었다.

어느 집을 가도 매뉴얼처럼 파는 메뉴가 항상 같아서 뭘 고를지 고민하지 않아도 되는, 저렴하고 푸짐한 음식. 어릴 때부터 먹어 온 음식이라 먹으면 허기는 물론 마음 한구석까지 아주 푸짐하게 채워주는 음식. 조미료는 기본이고 기름지게 만들어서 한번 먹으면 멈출 수가 없는 음식. 김치처럼 해외에 나가면 꼭 먹고 싶은 음식. 소울푸드 상위 10위 안에는 들 음식. 바로 우리나라 중국집 짜장면 · 짬뽕 · 탕수육 · 군만두다. 정작 중국에서는 찾아볼 수 없는 우리나라식 중국 음식을 사람들이 좋아하는 것처럼, 이와 너무도 비슷한 게 네덜란드 중국집이다.

음식에 엮인 정서는 비슷해도 본토 입맛이 다르니 결과물도 다르다. 네덜란드에 이주해 온 광둥 지역 중국인들이 현지인의 입맛에 맞게 음식을 개발했다. 그래서 네덜란드의 오랜 식민지였던 인도네시아의 요리와 광둥요리가 절묘하게 네덜란드에서 만났다.

우선 땅콩소스(땅콩버터에 간장 등을 섞어 만든다)에 살짝 곁들여진 닭꼬치, 아니 그게 아니고, 땅콩소스에 아주 푸욱 담가진, 닭꼬치 사테아얌을 시켰다. 일반 종이컵의 네 배는 되는 컵에 소스를 가득 붓고 꼬치가 거의 안 보일 때까지 담가주는 포장 센스가 좋다. 웍에 이 재료 저 재료 섞어 나오는 희멀건 볶음밥 나시와 볶음국수 바미. 먹다 보면 고기 조각, 햄 조각, 계란 조각을 드문드문 발견할 수 있다. 뚜껑 덮고 익혀 노른자도 하얗게 된 계란후라이를 부숴서 이 소스 저 소스에 비벼 먹으면 그 야릇한 볶음밥과 볶음국수가 갑자기 다 사라진다. 내 입맛에는 계란을 대충 프라이팬에 넣고 토마토 소스에 전분을 더해 휘휘 저어 만든 것 같은 뿌용하이가 가장 맛있다. 디저트로는 바나나 튀김이다. 이곳의 전통 과자와 비슷하게 슈가파우더가 뿌려진 폭신한 도넛 튀김옷, 그리고 그 안에 흐물흐물한 바나나가 숨어 있다.

그리고 이곳 중국 음식의 최장점. 한 번 주문하면 양이 너무 많아서 다음 날 먹을 것까지 생긴다! 중독성 있는 맛 때문에,

미리 양을 나눠 그릇에 담아버리지 않으면 끝없이 먹는다. 탄수화물을 볶고 튀기고 조미료 넣고 달고 짜고 새콤하게 하면 뭐라도 그럴지 모른다. 남편은 백 점 만점에 백 점이었다니 내가 모르는 그만의 추억이 담긴 음식일 것이다. 그러고 보니 왜 남편이 한국에서 중국집 군만두와 짜장면에 반했는지 이해가 간다.

생크림 대신 크왁

나랑 남편 둘 다 절대 풀리지 않는 마법에 걸렸다. 단 거 좋아하는 입맛이 바로 그 마법이다. 그중에서도 난 생크림을 좋아한다. 친구의 친구로부터 애플파이를 주문하는 이유가 곁들여 나오는 휘핑크림을 먹기 위해서라는 명언(?)을 들은 적이 있는데, 나도 그렇다. 무더운 여름에 오랜만에 간 카페에 앉아 먹는 네덜란드식 아이스 커피는 슬러시 같은 냉커피에 휘핑크림을 얹는데 그 맛이 시원하고 달콤하다. 해는 나지만 찬 바람이 미친 듯이 휘갈기는 날 네덜란드 바닷가 카페에서 핫초코에 휘핑크림을 얹어 먹으면 몸도 마음도 녹는다. 가끔 한국 요리 영상을 보면 크림이 꽉꽉 들어간 단팥빵, 크로와상, 뚱와플, 딸기와 생크림이 가득인 생일 케이크가 보인다. 네덜란드 사람들도 생크림을 좋아하는지 생크림을 차게 굳혀 초콜릿으로 코팅해 먹는 생크림 트러플(Slagroomtruffle)도 있고, 생일 케이크에도 대부분 생크림을 쓴다. 엄청난 크기의 슈크림 보스볼(Bossche ball)은 거의 소프트볼 같다.

하지만 우리는 휴가 때가 아니면 단 것을 끊거나, 대체품을 찾는다. 그럴 때 뭔가 크림 같고 차가운 게 먹고 싶으면 네덜란드의 크왁(Kwark)만 한 게 또 없다. 그래서 크왁이 무엇이냐고?

1. 단백질
2. 한 통 다 퍼먹어도 걱정 없는 저열량 크림

이런 아주 개인적인 정의를 내려본다. 여기서도 크왁이 정확히 뭔지 아는 사람은 별로 없을 것이다. 슈퍼마켓 유제품 판매대를 가면, 한국에서도 흔히 보이는 자그마한 컵 요거트 옆에 메가 사이즈(250/500/1000g) 스키르, 그릭요거트, 크왁이 있다. 꾸덕한 요거트 섹션에 다 같이 모여 있고 소비자 입장에서는 대체하기 쉬운 제품이지만 찾아보면 각각 정체가 다르다. 공정상의 차이를 두고 본다면 크왁은 연질치즈이지 요거트는 아니다. 하지만 먹어보면 요거트 나름의 시큼한 맛이 느껴져 치즈보다는 요거트 같다. 여기 사람들이 먹는 방법도 요거트에 가깝다. 그래놀라나 과일하고 같이 먹는다. 우리한테 크왁은 100g당 총 칼로리가 50kcal밖에 되지 않는 크림이고, 아무거나 넣어 먹어도 되는 흰 캔버스이고, 단백질 대마왕이다. 특히 우리가 사 먹는 지방 0% 크왁은 100g당 단백질이 8~9g이다. 그리고 500g 통이 1유로가 채 되지 않는다. 0.99유로! 물보다 싸다. 요새 환율로 1400원이다. 살도 덜 찌고 건강도 챙기는 일석이조 아닌가.

네덜란드 사람들의 재밌는 식습관

우유는 키가 큰 후에도

인상 깊은 장면이 있다. 어느 날 점심시간에 회사 앞 레스토랑에서 정장 입은 두 명의 건장한 남자들이 인맥 관리하는지, 비즈니스 미팅을 하는지, 웬일로 샌드위치가 아니라 파스타를 먹는 걸 봤다. 그런데 두 사람 다 파스타 접시 옆에 우유를 한 잔씩 시켜 놓았다! 하고 많은 음료수 중에 우유라니… 그런데 그렇게 먹는 사람이 그들만이 아니었다. 파스타나 샐러드 옆에 우유를 한 잔 놓고 먹는다니 처음에는 이상했다. 우리나라에서는 성장기 어린이들이 빵과 함께 먹는 게 우유 아닌가. 사실 우유는 네덜란드 사람들의 주식이라고 봐야 한다. 젖소들이 사람들보다 더 많은 땅을 차지하고 산다.

아메리카노는 셀프

아메리카노. 에스프레소 1에 뜨거운 물 9를 섞은 미국식 커피가 아메리카노라고 알려져 있다. 우리나라에서는 식후땡으로도 그만, 케이크랑 같이 먹기에도 그만인 가장 인기 많은 커피 메뉴다. 짜거나 단 맛을 순화해주고 어쩐지 뜨겁고 쌉쌀하니 더부룩했던 배도 좀 가라앉는 것 같고 하다. 그리고 여기 살면서 그렇게 그리운 게 뜨아(뜨거운 아메리카노)다. 네덜란드에서 살면서 카페에서 제대로 된 아메리카노를 먹어본 적이 별로 없다. 요새는 미국 사람들이 많이 이주를 하면서 커피 문화가 달라지고 있지만, 암스테르담 같은 대도시가 아니면 아메리카노는 마실 수가 없다. 커피와 물이 섞인 가장 본연의 커피는 코피(Koffie) 혹은 즈와트 코피(Zwarte koffie, 블랙커피)라고 부른다. 하지만 막상 커피를 시키면 정말 쪼그만 찻잔에 엄청 쓴 커피가 나온다. 이탈리아의 룽고와 비슷하다. 맛은 그렇다 쳐도 그 양이 성에 안 찬다! 케이크 함께 시키면 커피를 석 잔은 먹어야 할 것같이 새 모이만큼 준다. 그래서 네덜란드 카페에서 아메리카노는 셀프다.

"에스프레소랑요. 다른 큰 컵에 뜨거운 물 주세요." 그러면 조그만 커피랑 뜨거운 물이 담긴 물잔이 나온다. 커피를 뜨거운 물에 퐁당 섞으면 뜨아 완성! 어렵게 만들어 먹는 뜨아인 만큼, 함께 나오는 공짜 쿠키랑 맛있게 먹어준다.

해산물 먹기 힘든 네덜란드

네덜란드에서는 싱싱한 해산물 사기가 쉽지 않아 해물 요리를 잘 안 해 먹게 된다. 슈퍼에서는 보기만 해도 먹기 싫어지는 미리 손질된 연어, 틸라피아, 대구, 훈제 고등어, 홍합,

새우만 판다. 아니면 빵가루 입힌 생선튀김을 냉동코너에서 찾아볼 수 있다. 바다를 마주한 네덜란드 사람들은 왜 생선 먹기를 꺼릴까? 가시를 발라 먹어야 하는 귀찮음에 비해 살 코기가 푸짐하지 않아서라는 의견, 새우나 생선에 눈알이 붙어 있는 게 무섭다는 의견, 그냥 바다 맛이 싫다는 의견도 들어봤다. 조갯국의 시원한 맛, 담백한 게살 발라 먹는 재미, 짭조름한 조기구이, 이 맛을 모르다니. 한국인 세 명과 네덜란드인 다섯 명이 이탈리아 레스토랑에 파스타를 먹으러 가서 한국인 셋은 해산물 파스타를 시키고 네덜란드 사람은 모두 볼로네제 파스타(다진 소고기 토마토소스 파스타)를 시킨 일화가 있다.

물론 생선을 좋아하는 사람도 있다. 특히 네덜란드의 청어 헤링(Herring)은 국민 생선이다. 연어처럼 지방이 많고 부드러운 생선이라 고소하다. 한창 철일 때 헤링 한 상자를 회사에 들고 온 괴짜 동료도 있었고, 구내식당에 헤링이 특식으로 등장하기도 했다. 그런데 내 주변에서는 나밖에 먹는 사람이 없다. 같이 해산물 먹으러 레스토랑에 갈 친구를 섭외해야 할 정도다. 이 정도면 음식 소수자가 아닌가 싶다. 한국의 푸짐한 조개찜이 그립다!

6장

마약과 섹스 말고,
네덜란드 여행

네덜란드의 대표 이미지는 그 자체로 역설이다. 풍차와 튤립의 화란국. 홍등가와 마약이 허용되는 무법지. 많은 관광객이 유럽 여행을 시작하거나 마칠 때 암스테르담 공항을 거치며 잠깐 둘러보는 암스테르담은 아마 후자에 가까울 것이다. 난무하는 섹스숍과 마리화나 커피숍과 빨간 커튼이 드리워진 홍등가가 너무나 뜨악스럽기 때문이다. 하지만 내가 살면서 느끼는 네덜란드는 전자에 가깝다. 그저 평화롭고, 도시 가까이에 산책할 수 있는 자연이 펼쳐진 곳이다. 우리나라의 반도 안 되는 땅[48]에 개간지가 대부분인 작고 평평한 나라지만, 나름의 역사가 깊고 지역색도 있다. 그리고 알려지지 않은 곳을 자유롭게 여행하며 나만의 방식으로 네덜란드를 느껴보기에도 좋다.

암스테르담의 자유

　서울 면적이 605제곱킬로미터에 인구가 천만인 데 비해 네덜란드의 가장 큰 도시 암스테르담의 면적은 219제곱킬로미터에 인구는 백만도 되지 않는다.[49] 유럽 내에서도 런던, 베를린, 파리에 비하면 아주 쪼끄마한 곳이다. 어느 날은 암스테르담을 걸었는데 하루 동안 남쪽에서 북쪽으로, 동쪽에서 중심으로, 다시 남쪽으로 걸었다. 어느 정도냐면, 삼만 보를 넘게 걸어서 다리가 의지와 상관없이 저절로 앞으로, 뒤로 갈 정도였다. 그런데 도시를 거의 다 봤다. 그렇게 작은 곳임에도 여느 대도시에서 누릴 수 있는 즐거움이 빼곡하다.

　특히 지난 10년간 아주 빠르게 요식업이 발달했는지, 레스토랑의 선택지도 풍부해서 어느 나라의 음식이든 먹거나 배달시킬 수 있고, 맛 좋은 에스프레소도 흔해졌다. 이벤트나 페스티벌도 끊임없이 많다. 유럽에서 인구 대비 박물관이 가장 많은 곳 3위가 암스테르담이다.[50] 렘브란트, 반 고흐를 비롯한 유명 화가의 역작을 볼 수 있는 미술관들은 유명하고, 길 사이사이로 운하 박물관, 튤립 박물관 등 갈 곳이 끝이 없는 게 암스테르담이다. 유명한 밴드나 뮤지션이 암스테르담에 자주 오는데, 단독 공연이나 페스티벌에서 음악에 흠뻑 젖는 게 또 즐겁다. 무명의 가수나 인디 음악가들이 설 공연장도 많아서 10~20유로 저렴한 가격에 거의 매일 콘서트를 가는 것도 가능하다. 암스테르담은 도로를 설계할 때 자전거를 이용하면 자동차보다 더 빠르게 갈 수 있도록 설계했다고 한다.[51] 자전거를 자유롭게 타게 되면 손바닥만 한 도시를 쉽게 이동하면서 그 모든 걸 누릴 수 있다.

영어 표현 중에 'Live and let live'라는 문구가 있다. 어색하게나마 사전적 정의를 번역해보면, '다른 사람들이 당신의 행동이나 의견을 관용하게끔, 당신도 다른 사람들의 행동이나 의견을 관용하라' 정도, 그러니까 남한테 신경 쓰지 말고 너 갈 길 가라는 거다. 네덜란드야말로 이 말이 잘 어울린다. 여행은 환경이 바뀌는 것만으로도 자유로운 기분이 드는데, 특히 격식 없고 아주 직설적인 나라 네덜란드, 그리고 그 수도 암스테르담에 오면 더 그런 느낌이 든다. 우리나라는 밥 먹을 때도 남의 눈치를 보는데 남에게 해가 안 된다면 자기 멋과 뜻에 따라 사는 사람들 속에서, 이 작은 도시의 깊이 있는 자유를 느껴본다. 여름에는 강가에서 수영하는 꼬맹이들도 보이고, 나체로 자전거를 타고 암스테르담을 활보하는 할아버지 할머니도 보이고, 게이 퍼레이드며 코닝스다흐 때 온 도시가 축제가 되는 모습도 즐길 수 있다.

관광명소를 찾아다니는 것보다 암스테르담을 있는 그대로 느끼고 싶다면 여러 가지 좋은 방법이 있다. 근처 슈퍼에서 맥주 사다가 공원 잔디에 앉아서 마시기. 공원에서 바베큐 하기(여름철에 슈퍼에 가면 일회용 바베큐를 판다). 스피커 켜고 음악 들으며 보트 타기. 동네 어디서든 내키면 야외 운동하기. 커피든, 점심이든 물가 옆 노상에 앉아 즐기기. 야외 음악 페스티벌 가기. 공짜 페리 타고 물 건너 노드(Noord) 가기(강바람이 시원하다). 운하에서 수영하기, 혹은 다리에서 운하로 다이빙한 후 수영하기. 비가 와도 할 것, 하고 싶은 것 다 하기. 그냥 자전거 타고 외곽으로 나가보기. 11월 뮤지엄 나이트(밤에 열리는 박물관 파티) 가기. 괴짜들 구경하기. 그중에서 내가 가장 좋아하는 것은, 낮은 내리막길을 자전거를 타고 내려가면서 맞는 여름 밤바람 느끼기.

그래도 이 모든 자유는 나와 다른 사람에게 해가 되지 않는 선에서 누린다. 수영은 가려서, 음악은 너무 크지 않게, 자전거는 규칙을 숙지해야 한다. 다들 어울려 살면서도 자유를 느낄 수 있다는 것이 얼마나 좋은가. 20대 중반부터 30대 초반에 내가 느낀 암스테르담은 그래서 그렇게 아름다운 곳이었다. 솔직히 이제는 조금 시끄럽고 더럽다는 생각에 아메르스포르트(Amersfoort, 현지 발음으로 아머스포트에 가깝다) 같은 소도시가 더 아름답다고 느껴진다. 그래도 암스테르담은, 늦은 밤 어둑어둑하게 불이 켜진 운하 쪽을 걷다 보면 그 로맨틱함에 또다시 마음이 녹아버리는, 자유가 가득한 도시이다.

평평한 땅을 따라 힐링 로드트립

여름이 오면 어딘가 먼 곳으로 휴가를 가고 싶은데, 네덜란드의 반짝이는 여름도 포기하고 싶지 않다. 정말 드물지만, 날씨가 좋은 며칠은 새파란 하늘, 시원한 바람, 쨍쨍한 햇볕, 흰 구름, 신록까지, 정말 천국이 따로 없다. 거기에 더해 밤 10시나 돼야 해가 지는 백야 현상으로 여름 저녁 나름의 들뜨는 기분이 참 좋다. 그래서 어느 해에는 네덜란드 로드트립을 해보기로 했다. 항상 기차로만 네덜란드의 도시들을 다녀봤지, 자동차로 시골이며 발길이 닿기 힘든 곳에 가는 것은 처음이었다.

북쪽부터 시작해 독일과 가까운 북동쪽의 여러 마을을 한번 둘러보자 어쩐지 네덜란드를 좀 더 이해하게 된 것 같다. 산이 없고 평평해도 자연은 늪지, 바다, 모래언덕, 숲, 강, 물길, 들처럼 다양하고, 어디를 가든 높은 삶의 질이 느껴졌다. 시골일수록 정원과 집을 더 열정적으로 가꾸는 것처럼, 농장에도 대부분의 집들이 전통미와 현대미를 동시에 가진 데다 잔디는 방금 깎은 것처럼 잘 가꾸어져 있었다. 그리고 기념품 가게에서만 보던 네덜란드 전통 신발 크록스(Clogs, 네덜란드어로는 Klompen)를 신고 다니는 사람들도 보았다. 우리가 여행한 곳에 물이 고인 땅이나 축축한 농경지가 많아서 크록스를 신으면 편하겠다 싶었다. 그만큼 순수한 네덜란드의 생활이 계속 전해져 내려오는 곳이 우리가 여행한 동네들이다. 한 가지 아쉬운 점은 이곳들이 특별한 지역 음식을 개발하지 않는다는 점이다. 가끔 지역 이름을 단 음식을 먹어봐도, 조금의 차이가 있을 뿐 다 건포도 아니면 계피 또는 계피와 건포도가 들어간 빵이라니.

우리의 일정은 강원도와 경기도를 돌아다니는 것처럼 여러 주를 따라 볼 만한 곳을 들르는 자유로운 여행이었다. 스히르모니코흐(Schiermonnikoog), 드렌터(Drenthe), 트벤테(Twente), 오퍼레이설(Overijssel, 현지 발음으로는 오버아이슬이 더 가깝다), 히트호른(Giethoorn), 데벤테르(Deventer)가 루트라면 루트였다.

네덜란드의 제주도 스히르모니코흐(Schiermonnikoog)

제주도는 남쪽에 있지만, 스히르모니코흐는 네덜란드의 북쪽에 있다. 그래서 날씨로 따지면 제주도에 비유하기엔 좀 그렇다. 하지만 네덜란드 사람들이 휴가로 많이 가는 곳, 뭔가 내륙하고는 자연이 다르고, 한번 가면 또 가고 싶은 곳이라는 점에서는 제주도와 비슷하지 않을까 싶다. 스히르모니코흐는 프리즐란트주의 5개 섬 중 하나다. 그 섬들 모두가 여름철 휴가지로 인기다. 텍셀(Texel)은 그중 가장 큰 섬인데, 차로 갈 수 있고, 일부 섬에서는 차를 운전할 수 있지만, 스히르모 니코흐는 차를 내륙에 두고 페리를 타고 가야 해서 주민이 아닌 이상 차를 탈 수 없는 섬이다. 섬 전체가 국립공원이자, 유네스코 지정 자연유산인 만큼 가장 갈 만한 곳 같았다. 우리는 페리를 타고 40분 걸려서 섬에 도착했는데, 한 친구는 갯벌 장정을 했다. 내륙에서 썰물 때 가이드랑 같이 섬까지 왕복으로 걸어가는 코스다. 그렇게 뻘을 건너고 나서 신발이 장렬히 전사했다고 한다.

섬 이름의 '스히르'는 회색, '모니크'는 수도승, '오흐'는 눈이라는 뜻으로, 섬의 이름은 수도승의 눈이라는 의미인데, 섬에 종교적인 느낌이 있지는 않다. 바다의 대자연과 북해의 모래 언덕 생태계가 정말 인상 깊은 곳이다. 자전거를 빌리면 16km 길이의 섬을 여행하기 편하다. 카이트 서핑하기 좋은 바람, 모래 언덕 사이로 난 아름다운 길을 보면 그대로 마음이 편안해진다. 하지만 때로 바람이 세게 불어서, 남편은 마치 헤어드라이어 안에서 걷는 것 같다고 표현했다. 바람의 반대 방향으로 자전거를 낑낑대며 타는(자전거 탈 때 바람이 정방향으로 부는 경우는 손에 꼽힌다) 일상을 생각해보면, 네덜란드살이는 자연에 역행하는 고생의 연속이기도 한 것 같다. 어쨌든 그 바람은 모래 사장을 따라 아주 낮게 불어서 모래알을 마치 물결처럼, 파도처럼 만들어 멀리멀리 실어 날랐다. 마치 고운 모래로 된 드라

이아이스 파도가 발목을 헤치고 지나가는 것 같았다.

생태계가 잘 보존되어서 그런지, 모래언덕에 꽃과 산딸기들이 흩어져 피고 열려 보기 좋았다. 그냥 모래색에 풀색이 아니라 분홍색, 빨간색, 보라색이 섞이니 아무래도 더 예쁘다. 자전거를 멈추고 블랙베리를 따 먹는 사람들도 보이는데, 이 섬은 역시 자연과 하나 되기 좋은 곳이다. 작은 섬인데도 불구하고 어느 곳에는 보라색 꽃이 펼쳐진 늪지대가 있고, 어느 곳에는 새를 관찰할 수 있는 곳이 있고, 어느 곳에는 양치류가 빼곡한 숲이 있고, 어느 곳에는 소, 말, 양 농장이 있고, 어느 곳에는 농경지가 있어 가는 곳마다 신비롭고 기억에 남을 만한 명소였다.

관광지이기 전에 사람이 사는 마을이니 이곳 사람들은 아마 서로를 다 알고 지낼 것 같다. 나란히 모인 집들 사이사이 섬을 상징하는 깃발이 보인다. 그리고 음식의 양으로 미뤄보면 마음씨도 더 좋지 않을까 싶다. 섬에 도착한 오후, 점심을 시켰는데 너무 많이 나왔다. 나는 트웰브우어체(12uurtje)라는 이름의 음식(직역하자면 정오 식사)을 시켰다. 네덜란드 사람들이 좋아하는 대표 메뉴들이 조금씩 나오는 줄 알았건만 각 메뉴당 정량이 다 함께 나왔다. 아침, 점심, 저녁 메뉴가 한꺼번에 나오는 정도였다. 함께 시킨 스히르모니코호 커피는 아이리시 커피처럼, 이 동네에서 만든 리큐어에 커피를 섞고 휘핑크림을 올린 커피다. 비가 오던 12시에 딱이었다.

선사시대의 원초적 자연을 느낄 수 있는 드렌쯔 아(Drentsche aa)

드렌터(Drenthe) 주는 독일과 국경을 접하고 있고 네덜란드의 북동쪽에 있다. 숲이 많다고 느꼈는데, 아니나 다를까 드렌터의 이름이 'Thrija-hantja'(영어로 Tree land)에서 기원했다는 설이 있다.[52] 지금은 네덜란드의 주요 도시나 주에 비하면 시골 같은 느낌이랄까, 네덜란드에서 가장 인구 밀도가 낮고 농경지가 대부분이지만, 그만큼 매력 있다. 선사시대의 고인돌이 많이 발굴된 곳이라 15만 년도 전에 사람들이 살았다는 걸알 수 있다.[53] 문득 선사시대 사람들이 세계 어느 대륙을 막론하고 고인돌을 만들었다는 게 신기했다. 드렌터의 국립공원인 '드렌쯔 아'에 가면 자연 그대로의 구불구불한 물길을 볼 수 있다고 해서 우리는 그 물길을 찾아봤다. 당연한 것처럼 보이지만 여기서는 자연유산이다. 네덜란드의 모든 물길은 홍수나 범람의 피해를 줄이려고 다 뻣뻣하게 일자로 개간해 물이 빨리 흘러서 그런 자연스러운 물길이 드물다는 것이다.[54] 다듬어지지 않은 드렌쯔 아는 원초적이라는 느낌이 들었다. 근접한 주인 오퍼레이슬에 비하면 들판과 농경지가 많고, 모래 둔덕, 털이 긴 스코티시 하이랜드 소, 꿀 냄새가 진동하는 잡초밭에 날아든 나비 떼들이 때 묻지 않은 자연을 보여주고 있었다.

드렌쯔 아를 주변으로 이름도 좀 특이한 작은 마을들도 둘러봤다. 타알로(Taarlo), 하스터른(Gasteren), 그리고 숙소가 있던 에익스트(Eexte)라는 곳인데, 고요하고 원초적인 드렌터의 느낌이 묻어 있다. 옛날 네덜란드 마을에는 브링크(Brink)가 있었다. 브링크는 가축들을 모아두고 장도 서던, 마을의 중심 광장 같은 것이다. 드렌터의 작은 마을 대부분에 브링크의 흔적이 있는데, 지금은 그 브링크 터에 오래된 나무들이 촘촘히 심어졌다. 그리고 시골 집을 정말 잘 가꾸어서, 왜 대도시에서 힘들게 일하며 아파트에서 살까 하는 생각이 저절로 들었다. 전통적인 외관에 현대적인 집, 널찍한 공간, 거의 초원 수준인 정원, 어제 깎은 것 같은 잔디들, 말끔하고 예쁘게 가꾸어진 정원수와 정원화들, 차 소리도 안 들리는 저녁. 네덜란드에서 별과 행성을 관찰하는 곳인 만큼 드렌터는 가로등도 없이 밤이 깊었다. 특히 우리가 묵은 숙소는 그런 자연에서의 삶을 느끼기 좋은 호텔이었다. 농지에 있어서 어느 창에서 바라보는 풍경도 힐링이었다. 그리고 호텔 내 레스토랑에서는 그 농지에서 직접 채소를 가꾸어 음식을 만든다. 낮에 본 자두로 만든 디저트, 500m 떨어진 축산농가의 소고기처럼 구하고 싶어도 못 구하는 귀한 재료로 특별히 만든 뉴 더치 퀴진(가까운 곳의 네덜란드 제철 재료를 사용한 음식)까지, 시골이지만 삶의 질 면에서 도시를 앞서나간다는 느낌이었다.

그다음 날에는 이 지역에 온 만큼 나치의 유대인 캠프(Kamp Westerbork)에 들렀다. 네덜란드 유대인들을 관할하던 나치 장

병의 집, 노동의 장소, 식량품 저장소, 독일로 가는 기차의 흔적을 보면서 우리나라의 징병과 징용 역사도 생각나고, 정말로 미치지 않고서는 어떻게 그런 일을 할 수 있었을지 답답하면서도 슬퍼졌다.

그리고 도착한 민속촌인 오벌트(Orvelte)는 관광객들로 바쁘고 해가 쨍하고 나서 기분을 전환하기에 괜찮았다. 짚을 사용한 오래된 집들이 초가집과는 비슷하면서도 다르고, 지금은 사라진 특이한 짚 장식 및 벽 장치까지 새로웠다. 어디를 가든 네덜란드의 지역 특산물은 건포도 빵인지, 민속촌 카페에서 시켜본 지역 특산빵 두 개에 다 건포도가 들어가 있었다. 지역별 건포도 빵 탐방기를 쓰면 어떨까 싶을 정도랄까.

힐링하기 좋은 시골 마을 트벤테(Twente)

우리는 일정이랄 것도 없이, 트벤테 깊숙한 곳의 한 호텔 패키지가 괜찮아서 수영하고 사우나하고 밥 먹고 가까운 곳을 돌아볼 예정이었다. 호텔 주변의 아름다운 자연이 참 걷기 좋고, 전통이 잘 보존되어 있어, 여행하며 볼 것도 많았다. 호텔의 시원하게 펼쳐진 정원과 다양한 꽃과 나무들이 가꾸어진 후원만으로도 매료되기 충분했다. 남쪽의 림뷔르흐(Limburg)와 북쪽의 트벤테가 네덜란드의 토스카나라고 불리는 이유는 평평한 경사도 0의 네덜란드에서는 드물게 나름의 언덕이 있기 때문이다. 호텔에서 나와서 자전거를 타거나 걸으면 녹음에 마음이 편해진다. 풀 먹는 소 방울 소리도 들린다. 네덜란드 거리를 걷다 보면 종종 책을 꺼내 빌려 볼 수 있는 미니 도서관(책장)이 있다. 생각지도 않게 발견한 숲길에 있는 책장도 운치가 있다. 누가 관리하는지 책장의 유리가 빗물 자국도 없이 깨끗했다. 석양이 정말 멋진 어느 날 저녁에 갑자기 생각지도 못한 열기구까지 떠가니 이 정도면 환상적이다.

다음 날에는 호텔 근처의 동네 드 루트(De Lutte)까지 한 2.5km를 산책 삼아 걸어가 보기로 했다. 근교의 가장 큰 동네(?)까지 걸어보니 우리가 있는 곳은 정말 시골이란 걸 느꼈다. 집들이 뚝뚝 떨어져 있는 것만으로도 마음이 편해졌다. 꼬꼬댁 닭들, 양들, 예전 방식대로 지어진 감자 창고를 보며 걸어 다니는 것도 즐거웠다. 그렇게 도착한 드 루트는 작지만 관광객이 들르는 동네였다. 참새방앗간이라고 근처 제과점에 가서 트벤테의 지역 빵을 사봤다. 점원에게 물어보니 크렌튼베그(Krentenwegge)라고 (또) 건포도 빵을 추천했다. 촉촉하고 부드럽고 약간 시트러스 향, 계피 향이 곁들여져 남다른 건포도 식빵이었다. 그리고 처음 들어본 과자 코작(Kozak)도 있길래 먹어봤다. 코작은 마지펜과 마시멜로 같은 크림을 넣은 롤케이크를 잘라서 초콜릿 코팅을 한 것으로 맛이 특별했다.

트벤테 여행의 예상치 않은 발견이 오트말숨(Ootmarsum) 민속촌이었다. 이곳에서는 예전 네덜란드 사람들의 생활상을 볼 수 있다. 네덜란드의 오래된 농가 중에는 방을 갖춘 좋은 집들 외에, 가축들과 같이 한 공간에서 살던 집도 있었다. 한쪽에는 가축우리가 있고, 다른 한쪽에는 아궁이, 의자, 벽장 안에 침실이 있는 아주 단순한 집의 구조를 보면서 정말 추웠겠다 싶었다. 나무 공예품을 만들던 모습, 물레, 상점, 양조장, 가톨릭 모임을 막고 종교생활을 하던 미혼 개신교 여성들이 모여 살던 곳, 감자 창고, 가축이나 농경기를 보관하던 곳, 반 고흐의 작품이 생각나는 의자들까지 둘러보니 어쩐지 네덜란드 사람들의 본질에 가까워진 느낌이었다. 단순하고 종교적이고 소박한 삶이랄까? 그리고 민속촌인데도 동네 할아버지, 할머니, 아저씨, 아줌마들이 운영하는지 아침 모임도 있고, 직접 배관하는지 땅을 파기도 하는 모습을 보니, 정겹기도 하고 그렇게 직접 가꾸니까 전통이 아직까지 살아 있다는 생각이 들었다. 위키피디아에서 트벤테에 대해 읽어보니 이 지역에는 노아버스칸(Noaberschap)이라는 미덕이 있다고 한다.[55] 이웃들끼리 도와주거나 충고를 구하면 해주는 생활 도덕이라고 한다. 그런 미덕이 지금까지 지켜지는지, 어쩐지 맘 좋고 살기 좋은 동네 같다. 민속촌을 조금 나와서 걸으면 오트말숨의 중심가가 나온다. 유럽 휴양지처럼 갤러리, 기념일 카드샵, 옷가게, 음식점도 많고 그냥 걷고 즐기기에 딱 좋은 작은 마을이다. 물가도 암스테르담에 비해 저렴해 우리는 단돈 2.5유로짜리 애플파이를 굳이 시켜 먹었다.

오트말숨에서 30분 정도 운전하면 나오는 샬란스후블룩 (Sallandse Heuvelrug)은 네덜란드의 국립공원으로, 하이킹하기 좋다. 그리고 전기자전거나 산악자전거를 탈 수도 있다. 워낙 넓어서 중장비를 갖추고 가도 좋겠지만 우리는 그냥 천천히 걸으면서 둘러봤다. 정말 아름다운 공원이다. 여태까지 본 공원하고 다른 점이 있다면 언덕이다. 언덕에 언덕이 이어진 모습이 같은 풍경도 더 아름답게 하고 흥미롭게 하는 것 같다. 특히 보라색의 헤더꽃(Heather, 네덜란드어로는 헤이드(Heide))이 만발하는 들판이 끝이 없다. 헤더 사이로 소나무도 있고, 벼락 맞은 나무도 있고, 네덜란드의 낮고 하얀 구름도 펼쳐진다.

햇빛이 일렁이는 물결이 아름다운 오퍼레이설(Overijssel)

이곳은 지도에서만 봐도 물이 많아서 기대되었다. 물이 있는 네덜란드 풍경은 특히 해가 나는 여름날이면 반짝이는 보석처럼 정말 예쁘기 때문이다. 숙소는 볼른호브(Vollenhove)라는 곳의 옛날 성을 개조하여 운영하는 호텔이었다. 예상과는 조금 다르게, 우리는 성 안의 방이 아니라 성 바깥에 있는 쿠츠하우스(Koetshuis, 마차를 두던 곳)를 개조한 방에 묵게 되었다. 마차 보관하는 곳 옥상에서 자볼 일이 또 있을까? 그렇게 숙소 때문에 가게 된 볼른호브는 생각지도 못한 오래된 마을로, 물에 감싸인 요새 모양을 하고 있었다. 배를 정박한 작은 항구도 있고, 대대로 장어를 훈제해서 파는 가게도 있다. 때를 놓치면 자판기에서 훈제 장어를 킬로그램 단위로 살 수 있다.

호텔 주인장의 추천에 따라 그날 저녁 블록자일(Blokzijl)이라는 옆 동네에 들렀다. 그 동네가 난 정말 좋았다. 비가 많이 내린 아침하고는 달리, 길고 낮은 북유럽의 여름 해가 뭐든 더 아름답게 만들어서인지, 세찬 바람이 덜 불어서인지, 편하고 행복해서 휴가 느낌 내기 최고였다.

네덜란드에 살면서 보트가 있으면 좋겠다는 생각을 종종 했다. 멋진 보트에서 그냥 베짱이 놀이 하는 게 일상의 사치고 행복 같아 보인다. 당장 그럴 수는 없는 만큼, 우리는 슬라우스(Sluis, 우리말로 수문 정도) 옆의 펍 테라스에 앉아서, 수로에 물을 채워 보트가 하나씩 나가고 들어오는 모습을 보면서 대리 만족했다. 재밌게도 우리 앞을 지나가던 사람 중 두 명이나 "이 자리 왜 앉아 있는지 이해가 안 간다"는 네덜란드식 반대로 말하는 농담을 건넸다. 그만큼 일광욕하고 와인 한잔하기 딱 맞는 곳이었다. 블록자일은 볼른호브보다 더 옛날 도시같이 보존이 잘 되어 있고, 나름의 지역 특산물인 블록자일러 브록(Blokzijler brok)도 있다. 스페퀼라스의 대형 버전으로 쿠키와 케이크의 중간 정도 식감이다. 언뜻 보면 네모난 벽돌 같다. 우연히 들른 식료품 가게에서 이걸 보고 사려는데, 셀프 계산인 게 아닌가. 직접 계산서를 쓰고 계산하는 믿기지 않는 시스템이었다. 서로 믿는 시골에서만 가능한 게 아닐까.

그다음 날 간 곳은 드 웨이리븐-위든(De Weerribben-Wieden) 국립공원이었다. 청바지를 입고 평상시 신는 운동화를 신고 가기에는 늪처럼 축축한 곳이라 길게는 못 걸었다. 짧은 도보 코스로 3km 정도 걸었지만, 다른 국립공원하고는 확연히 다른 느낌이었다. 늪 위로는 짚이나 잔디가 깔려 있어서 그냥 발을 내디디면, 발 아래가 비었다는 느낌과 함께 신발이 푹 꺼지면서 물에 젖어들었다. 사람 키만 한 짚들 사이에서 걷다 보면 셀프 도르래 뗏목(쇠줄을 당기면 뗏목이 내 방향으로 오고, 반대로 뗏목을 타서 쇠줄을 당기면 앞으로 나아가는 방식) 없이는 건널 수 없는 물이 나온다. 그렇게 건너 건너 걷다 보면 우리처럼 길을 잃을 수도 있다. 그래도 주변에 민가들이 많아서 집과 도로를 향해 또 짚풀 사이를 걷다 보니, 여차저차 바깥으로 나오게 되었다. 제대로 된 신발을 갖추고 오래 걷고 카누도 타면 또 다른 매력이 있을 것 같다.

차 대신 배를 타고 사는 마을 히트호른(Giethoorn)

네덜란드와 물의 관계를 너무나 잘 보여주는 곳이 히트호른이다. 소방서, 경찰서 모두 다 배를 타고 다닌다. 전통미 가득한 작은 마을인데, 내 생각에는 오퍼레이셜에 워낙 강이나 물길이 많아서 이곳 주민들이 히트호른이라는 콘셉트도 만든 게 아닌가 싶다. 하지만 우리가 보트를 타고 둘러본 히트호른은 마을이라고 하기에는 작고 관광객들이 많아서 이곳 주민들이 일상생활을 어떻게 하는지 궁금해졌다. 보트도 교통체증이 있다. 거의 모든 관광객이 보트를 타고, 마을을 둘러볼 수 있는 물길이 하나밖에 없어서 보트들이 밀리는 것이다. 아침 일찍 가서 보트를 잡거나 예약하는 게 아니면, 배를 타야 해서 유명한 마을에 와서 걷기만 하다가 돌아올지도 모른다. 터키 메제 음식점, 이탈리안 음식점, 중국 음식점 등 국제 관광객들의 입맛에 맞춘 큰 레스토랑도 있어서 아늑함보다 상업적이라는 느낌도 들었다.

하지만 막상 가서 두세 시간 보트를 타면 이 작고 특별한 마을 히트호른의 매력에 푹 빠질 수밖에 없다. 짚으로 지붕을 덮은 네덜란드식 초가집이 대부분이라 그 모습이 정겹다. 모든 정원이 수국과 잔디로 깔끔하게 가꾸어져 있어서 동화처럼 예쁘다. 청둥오리들이 보트 사이로 유영하기도 하고 싸움도 하는, 한 편의 드라마 같은 장면도 재밌었다. 검은색으로 페인트칠을 한 나무다리 아래를 지나고 나면 마을의 끝부분인데, 호수가 나온다. 그 호수를 따라 집 지붕에 쓰이는 짚을 재배한다. 왜가리도 있고, 패들링 하는 사람들도 있고, 여유가 넘친다. 얕고 맑은 물이라 바닥이 보이고, 탁 트인 전경에 선선한 바람까지, 딱 네덜란드에서만 느낄 수 있는 청정함이다. 잘 가꾸어진 옛날 그대로의 마을 모습과 여유 넘치는 파란 하늘 아래 파란 호수에서의 뱃놀이가 기억에 남는다.

보석 같은 한자 도시 데벤테르(Deventer)

이번 여행의 마지막 일정은 데벤테르였다. 한 번도 들어본 적 없는 인구 오십만의 소도시라 아무 기대도 하지 않고 갔다가 깜짝 놀랐다. 왜 아무도 데벤테르 이야기를 하지 않는지 이상할 정도로 역사가 살아 있고, 트렌디하고, 활기가 넘치는, 아름답고 로맨틱한 도시였다. 무엇보다도 중세 시대부터 무역을 했던 한자(Hansa) 도시라 그 부유함의 역사가 곳곳에 남아 있다. 물건의 무게를 재고 값을 매기던 드 와그(De Waag), 그 시절 무역로였을 강 아이슬(Ijssel), 교회들, 문의 장식들, 어쩐지 스톡홀름의 구도심도 생각나는 이국적인 건물들(예를 들어 파스텔톤으로 칠해진 건물들은 암스테르담에는 드물다). 그리고 드 와그가 있는 꽤 큰 광장에는 레스토랑들이 모여 있는데, 야자수가 있어서 마치 네덜란드가 아니라 어느 남유럽에 있는 것 같은 기분까지 들었다. 그리고 우리가 도착한 날 저녁은 해가 길고 따뜻해서 더 아름답게 느껴졌다. 물가에 앉아 햇볕을 쬐고 이야기하는 행복이면 충분하지 않을까. 거리 곳곳에 멋진 가게도 많아서, 구경하는 재미도 많다. 빈티지 책방에서 수십 년 된 삽화 책, 네덜란드 17세기 일상화에 대한 책, 오래된 마을의 사진엽서를 기념품 삼아 샀다. 대부분의 아트북이 10유로 미만이라, 암스테르담의 책방에 가서 커피 테이블 북을 사

느니, 데벤테르에 기차 타고 가서 사는 게 훨씬 저렴할 정도다. 암스테르담으로 돌아오기 전, 유서 깊은 베이커리에서 먹은 소시지 롤이 음식 중에는 하이라이트였다.

남향의 브라반트 여행기

브라반트(Noord Brabant, 노르트 브라반트가 정식명)는 네덜란드 남쪽에 있다. 브라반트를 거쳐서 벨기에를 지나가면 프랑스의 노르망디 지역이다. 차로 6시간이라 거리가 멀지 않은 만큼 실은 프랑스의 일부였던 적도 있다. 브라반트를 비롯해 네덜란드는 작은 나라임에도 확실히 지역마다 지역색과 분위기가 다르다. 그리고 외국인인 내 눈에 띈 사소한 차이도 있다. 예를 들어 암스테르담에는 공동묘지가 드물다. 하지만 브라반트에 가니 십자가와 공동묘지가 눈에 많이 띄었다. 우리나라는 산맥에 따라 지역이 나뉘고 말과 태도가 다르다고 하는데, 이 평평한 땅에서 저마다 어쩜 이렇게 개성 있는지. 약간의 지역 차별도 있다. 아마도 그 이유는 역사와 이웃한 나라에 의한 게 아닐까 싶다. 종교개혁 즈음하여 브라반트를 비롯한 남쪽 지역은 가톨릭교를 믿는 지역으로, 그리고 북쪽 암스테르담이나 로테르담이 있는 지역은 개신교를 믿는 지역으로 문화가 나뉘었다.[56] 그리고 그 종교의 차이가 삶의 방식, 가치관, 음식에도 영향을 많이 준 것 같다. 브라반트에는 반 고흐의 출

생지도 있고 필립스 기업 설립지로 유명한 에인트호벤, 기술
대학교로 유명한 틸버그도 있다. 가톨릭의 영향으로 가면이나
분장을 하고 먹고 마시고 인사불성 즐기는 카니발도 지낸다.

우리는 그저 브라반트의 자연을 느끼기 위해서 떠났다. 일
정은 특별히 없었다. 그냥 차를 타고 대부분 즉흥적으로 다
녔지만, 숙소는 미리 정했고, 아름답다는 스헤르토헨보스
('s-Hertogenbosch, 줄여서 든 보스(Den Bosch)라고도 부른다)를
시작으로 틸버그 근처에서 암스테르담으로 다시 올라오기로
했다.
  이 지역 사람들을 부르곤디어(Bourgondier), 레븐스흐니터
(Levensgenieter)라고들 한다. 삶을 즐기는 사람이라는 뜻인데,
잘 먹고, 잘 마시고, 잘 놀고, 잘 차려입고, 매일 와인과 함께
레스토랑에서 가족들과 식사하거나, 날 좋은 날 보트 타고 레
저를 즐기는, '개미와 베짱이' 중에 하나를 골라 비교한다면
당연히 닐리리 베짱이일 그런 느낌이다. (하지만 좋은 쪽으로!)
실은 이것도 일반적인 네덜란드 사람에 비해 그렇다는 거고,
프랑스나 이탈리아 사람들에 비하면 아마 아주 현실적이고 검
소한 사람들이 아닐까 싶다. 그저 열린 마음으로 브라반트를
돌고 보니 내가 찍은 사진 속 브라반트는 평온하다. 조용하고
잔디와 나무가 우거진 아름다운 곳이다.

아기자기한 마을 든 보스(Den Bosch)

기차로 지나만 가던 든 보스는 실제로 마주하니 아기자기한 마을이었다. 반 고흐가 이 근처에서 자랐다고 한다. 그래서 든 보스에 가면 그가 걸었던 길을 따라 걸어볼 수도 있다. 우중충한 먹구름 때문에 슬쩍 둘러만 봤다. 화가가 왜 햇볕을 따라 프랑스로 갔는지 알 것 같았다. 하지만 잠깐씩 해가 날 때는 물과 나무가 잘 어울리는 아름다운 도시였다. 둑을 통해 지켜온 오래된 도시라 곳곳에 역사의 흔적이 남아 있다. 든 보스의 하이라이트는 도르래를 돌려 끄는 배였다. 물 아래 줄이 있고 도르래를 돌리면 그 줄을 따라 배가 앞으로 나아가는 원리인데 꽤 힘든 데다 돌리는 자세가 웃겨서 한바탕 웃었다. 참 네덜란드 사람들 기가 막히다. 이런 걸 어떻게 생각해냈는지 말이다. 전기도 필요 없지, 지키는 사람도 필요 없지, 오직 가야 하는 사람의 의지와 힘으로 안전하게 물을 건널 수 있다니, 물과 항상 싸워야 했던 네덜란드 사람들의 삶이 보였다. 이 귀찮은 것을 누가 쓸까 싶어도 끝도 없이 사람들이 오고 갔다.

산이 없는 네덜란드여도 자연은 항상 아름답다. 든 보스를 지나가는 길, 나무가 무성한 숲길이나 농장 따라 난 작은 길들 아니면 그냥 훤히 뚫린 평야나 목장이 마음마저 시원하게 해준다. 그리고 어디를 가든 있는 물길이나 운하는 어떤 날씨에도 네덜란드 경치에 멋을 더한다. 이런 걸 목가적 아름다움이라고 하나? 우리나라의 들판은 가을이면 황금빛이 되는데.

네덜란드는 사시사철 잔디가 항상 푸르다. 겨울철 우중충한 날씨에 비가 내리 와도 잔디는 초록이라는 게 얼마나 위안을 주는지 모른다.

외모지상주의와 국적의 차이를 무효로 만드는 채플

둘째 날 우리는 홀리 오크(Holy Oak)라는 채플에 갔다. 구경도 하고 채플이 있는 푸른 숲길을 따라 걸을 생각이었다. 아마 교회에 가는 사람 수는 줄어들어도 종교는 브라반트 문화의 아주 큰 부분으로 남을 것 같다. 전설만 해도 다양하다. 홀리 오크 채플의 전설은 이렇다. 어떤 사람이 물에 떠가는 마리아상을 발견해서 근처 참나무에 올려 두었다. 동네 사람들이 그날 밤 마리아상을 옮겼는데, 이상하게도 다음 날 마리아상이 다시 그 참나무에 올라가 있었다. 그래서 그 마리아상의 신성함을 기념하기 위해 나무로 만든 채플을 지었고, 여러 번에 걸쳐 보수하여 지금의 하얗고 단정한 모습의 채플이 되었다.[57] 그저 앉아 마리아상을 바라보던 노부부도 있고, 산책 나온 동네 아줌마 아저씨들로 북적이기도 하고, 우리처럼 관광 온 사람들도 있는, 문이 항상 열려 있는 아담한 채플이다.

또 재밌는 전설은, 다정한 어머니(Zoetelievevrouw)라 불리는 마리아상에 대한 것이다. 1380년에 땔감으로 쓰일 뻔한 이 마리아상이 결국 교회에 모셔졌을 때, 그 용모를 많은 사람들이 비웃었다. 어떤 여자가 "못생겼다"고 얘기한 날 밤, 마리아

가 그 여자의 꿈에 나타나 "왜 나를 못생겼다 하는가. 나는 깨
끗한 천국의 가장 높은 곳에 있는 영생을 얻은 존재다. 나를
찾아와 너의 고통을 극복하고 영생을 구원하라"라고 했다. 그
자신감(?)과 권위가 인상 깊어서 번역을 해봤다. 그리고 그 마
리아상이 다리를 저는 사람도 똑바로 걷게 하는 등 여러 가지
(무려 500개 이상의) 기적을 일으켜, 네덜란드와 그 외의 많은 지
역에서 이 마리아상을 보러 아직도 이곳을 찾는다고 한다.[58]

브라반트를 차로 여행하면 알 수 있겠지만, 길을 따라 곳곳
에 작은 채플이 많다. 몇 개를 지나치다가, 벽돌로 지은 아담
한 크기의 채플은 어쩐지 방문해야 할 것 같아 차를 돌려 들
어가 봤다. 놀랍게도 그곳은 2차 세계대전 당시 네덜란드에서
희생한 미국과 영국 군인들을 위한 곳이었다. 1944년 9월 18
일에 새겨진 이국 사람들의 명단. 빛바랜 사진 속의 그 얼굴들
이 안타깝고도 존경스럽게 느껴졌다. 네덜란드도 나치 독일에
점령되면서 식민지의 아픔을 겪었다. 많은 사람들이 저항하고
싸웠고, 특히 브라반트 지역에 그런 사람들이 많았다. 그래서
곳곳에 전쟁의 기억을 떠올리게 하고, 희생한 사람들을 추모
하는 기념물이 많은지도 모르겠다.

저녁 산책으로 궁전에

브라반트에 또 많은 것이 성이다. 우리가 저녁때 산책 삼아 간 헤스바익 성(Kasteel Heeswijk)은 우연의 일치인지 2차 세계 대전과 관련 있는 곳이다. 독일군을 몰아내려 한 미군 공군부대가 도착한 곳이다. 주변에 있는 것이라고는 풀과 숲뿐인 네덜란드의 중세 시대 성에 도착해서 작전을 계획하고 전쟁을 준비하는 마음은 어땠을까? 우리가 느낀 햇볕과 평화로움을 그 사람들도 가끔은 느꼈기를 바란다. 대포 모양을 본뜬 철문틀과, 장병들을 기리는 기념비의 흰 튤립이 지금은 그저 평화로운 성을 조금은 애틋하게 만들었다. "자유를 위해 희생한 이는 영원히 기억된다(Those who gave their lives for freedom will always be remembered)."

헤스바익 성이 고요하고 아름다워서 그런지, 네덜란드 전역에 60~80마리밖에 없다는 흑조도 보게 되었다. 참 신기하다. 백조는 하얘서 백조일 텐데 어떻게 검정색일까? 버드나무 아래로 사라지더니, 그날 저녁에는 더 이상 볼 수 없었다.

무려 천 년 전에 만들어진 헤스바익 성은 참 아름다웠다. 두 가지 다른 양식의 건축물이 함께 있는데, 그 모습이 주변 나라의 건물하고는 확연히 달라 네덜란드만의 느낌을 준다. 그리고 내친김에 들러본 근처에서 가장 가까웠던 성은 아주 달랐다. 지금은 레스토랑 겸 호텔로 쓰이고 바로 옆에 운동장과 문화센터가 위치한, 주민들의 생활에 아주 가까워진 헨켄샤흐

성(Kasteel Henkenshage)이다. 네덜란드에서 자주 보이는 빨간 색 창문 문양이 리본처럼 깜찍했다.

네덜란드의 사하라

다음 날은 국립공원 론스앤드루넨스 다우는(Loonse en Drunense Duinen)에 갔다. 네덜란드의 사하라라고 불릴 정도로 바람이 모래를 쌓아 모래언덕을 만든 곳이다. 이렇게 큰 사막 이 그것도 네덜란드에 있는 게 신기했다. 무엇보다 비가 안 오 는 날이 드문 네덜란드에 사막이라니. 커다란 사막이라고 해 도 곳곳에 물웅덩이가 있고 사막풀과 나무들이 있어 신비로 운 느낌이다. 산토끼도 보고, 짝짓기철 개구리 소리도 들으니 네덜란드라는 걸 잠깐 잊을 정도였다. 사막이라도 주변 자연 의 색깔은 총천연색으로 밝았다.

여정을 마치고 집으로 가는 길, 네덜란드 아니랄까 봐 비가 얼마나 오는지 앞은 안 보이고 굵은 빗줄기만 보일 정도였다. 이런 비를 뚫고 집으로 돌아오며 다음을 기약했다. 해가 그나 마 많이 떠 있고 덥기까지 했던 우리 여행은 행운이었구나 싶 었다. 동화 속을 걷는 것 같기도 하고, 희생한 사람들의 삶이 느껴지기도 하고, 채플에 들어가 누가 밝혀둔 촛불을 보며 엄 숙해지기도 하고, 푸른 숲을 걷다 보면 그냥 다 힐링이 되는, 여러모로 감성을 풍요롭게 하는 일정이었다.

자전거 타고
반 고흐와 헤더꽃 보러 가는 벨류브

　벨류브(Veluwe)는 네덜란드에서 가장 큰 국립공원이다. 올 때마다 새로운 면을 보게 되는데, 머리 식히고 재충전하는 곳으로는 정말 좋다. 8월 중순에서 9월 중순이면 네덜란드의 모래 둔덕에 자라는 헤더꽃이 핀다. 마침 날씨가 정말 좋은 어느 여름날, 보라색 꽃으로 물든 벨류브를 보러 갔다. 꽃이 만발한 텔레토비 언덕 같은 풍경이 환상적이었다. 네덜란드에서 이렇게 언덕배기가 많은 곳은 처음이었다. 걸으면 허벅지가 당길 정도의 경사가 있는 오르막길까지 있어 평평한 네덜란드에 살다 보면 그리워지는 하이킹을 하기에도 좋다. 보랏빛 헤더꽃을 보려면 호흐 벨류브(Hoge Veluwe)보다도, 그 옆에 있는 벨류브좀(Veluwezoom)이 더 괜찮다. 한 시간 반 정도면 정말 보라색 세상에 푹 빠졌다 올 수 있다. 벨류브의 곳곳에는 특이한 버섯이나 식물도 많고 야생 동물도 많다. 얼마 전에는 네덜란드에서 멸종되었던 늑대가 다시 돌아왔다. 하지만 야생 동물 구역은 따로 있어서 늑대는커녕 네덜란드에 꽤 흔한 사슴도 공원 내에서는 구경하기 힘들다. 가끔 사슴이 우는 소리는 들을 수 있다.

호흐 벨류브에서는 자전거를 무료로 대여할 수 있다. 자전거를 타고 천천히 가다 보면 보라색 텔레토비 언덕하고는 정말 다른 사막 같은 모래벌판과 소나무 숲을 만날 수 있다. 공원 규모가 정말 커서 근처 숙소에서 하룻밤 잔다고 생각하고 편하게 도시락도 먹고 여기저기 바람 쐬면 좋다. 종종 자전거에서 내려서 사진도 찍고, 그냥 그 툭 터진 광경을 즐기는 거다. 그리고 호흐벨류브 안에 위치한 크뢸러-뮐러 미술관(Kröller-Müller Museum)은 필수 코스다. 헬렌 크뢸러-뮐러라는 여성 수집가가 그의 남편과 수집한 작품들을 기증해 지은 미술관이다. 그는 반 고흐의 천재성을 가장 먼저 안 사람 중 한 명이라 이곳에는 반 고흐의 작품이 아주 많다.[59] 특히 교과서에서도 배운 〈밤의 카페테라스(Café Terrace at Night)〉가 있다. 물감이 아주 두껍게 채색되어 있어, 가까이에서 보면 밤을 밝히고 기분을 들뜨게 하는 노란색 카페의 조명이 마치 진짜 빛을 내는 듯하다. 그 외에도 피카소, 모네, 몬드리안, 자코메티 같은 유수 미술가의 진짜 작품을 (때로는 유리 없이 맨 캔버스의 작품을) 감상할 수 있다. 네덜란드 한복판의 숲에서 세계 내로라하는 명화를 조용히 감상할 수 있다니 참 좋다.

네덜란드의 또 다른 네덜란드, 프리슬란트(Friesland)

우중충한 날씨로 답답해하던 어느 토요일에 무작정 네덜란드의 가장 북쪽 지방인 프리슬란트에 갔다. 암스테르담에서 한 시간 반 정도 차를 타면 프리슬란트의 주도인 레이와르던(Leeuwarden, 현지 발음으로는 레우와든에 가깝다)이다. 프리슬란트는 네덜란드 안에서도 특별한 곳이다. 나름의 역사가 있어서 그들만의 언어가 있는데, 이 지역 학교에서는 프리슬란트 말과 네덜란드 표준어를 같이 가르친다. 푯말도 네덜란드어와 프리슬란트어, 2개 국어로 적혀 있다. 프리슬란트는 멀다는 점에서, 그리고 여름철 휴가지로 제격인 아름다운 섬들이 있다는 점에서 좀 더 자연과 가까운 청정 지역이라는 인상이다. 그리고 내가 네덜란드의 지역기(旗) 중에 가장 좋아하는 빨간 연잎과 하늘색 대각선이 그려진 예쁜 상징도 있다. 그들 나름의 음식 중에는 건강에 좋은 시큼한 냄새가 나는 호밀빵 로흐브로드(Roggebrood), 향신료 아니스를 넣어 달콤함과 함께 살짝 약재 맛이 나는 둠카스(Dumkes) 쿠키, 그리고 네덜란드의 대표적인 유제품 브랜드이자 회사인 프리슬란트 캄피나

(Frieslandcampina) 제품들이 유명하다.

예전에 다니던 회사의 공장과 기술팀이 프리슬란트의 드라흐턴(Drachten)에 있었는데 암스테르담에서 가려면 아침 6시에 출발해야 해 차를 타고 가는 길에 동녘이 트던 게 생각났다. 이번에 암스테르담에서 레이와르던에 가기 위해 남편이 선택한 길은 아프슬라위트데이크(Afsluitdijk)를 지나가는 거였다. 네덜란드는 땅의 대부분이 해수면 아래 위치한다. 국제공항인 스키폴도 해수면 아래에 있다. 그래서 네덜란드 사람들은 항상 바다와 물과 싸워야 했다. 홍수나 범람으로 사람들이 목숨을 잃거나, 가축과 농경지가 침몰당하는 경우가 많았다. 그래서 전통적으로 둑과 제방을 만들고 물을 메꾸어 땅을 만들었다. 암스테르담이 있는 노드홀란드와 프리슬란트 사이에는 바다가 있었는데, 그게 너무 커서 아무도 섣불리 제방을 만들 생각을 못 했다. 하지만 이 엄청난 프로젝트가 한 사람의 생각으로 실현되었다. 코넬리스 렐리(Cornelis Lely)라는 당시의 물 장관(얼마나 물이 중요한지 물 장관도 있다)이 그 주인공이다. 그가 디자인한 대로 제방을 만들었는데 그의 계획은 당시 네덜란드 1년 예산에 해당하는 비용이 드는 규모였다. 이 프로젝트는 섬 두 개를 인공으로 만들어서 그 사이를 제방으로 조금씩 이어가는 방식이었다고 한다.[60] 지금도 제방에 가면 렐리의 거대한 조각상이 서 있다. 결과적으로는 제방으로 바다의 일부를 막아 에이설 호수(Ijsselmeer, 아이슬미어)를 만들었고, 바닷속 땅은 물이 빠진 후 육지가 되어 농경지로 쓰이고 있다. 말이 제방이지 32킬로미터의 뻥 뚫린 콘크리트 길[61]은 고속도로처럼 보이고 또 고속도로로 쓰인다. 제방 아래에서는 소풍을 즐길 수 있는 테이블도 있지만 바닷바람에 비까지 섞여 눈물 젖은 피크닉을 하게 될지도 모른다.

그렇게 제방을 건너면 곧 레이와르던이다. 작은 도시라 그냥 발길 닿는 곳으로 걸어 다니면서 구경하는 게 좋다. 항상 똑같은 옷가게, 상점들이 있는 도시 중심 말고 이런저런 골목을 돌다 보니 조용하고, 아담하고, 또 흥미로운 레이와르던이 보였다. 감옥을 개조한 도서관(dbieb Leeuwarde)과 그 바로 옆에 자리 잡은 아틀리에(Blokhuispoort H-Vleugel ateliers en winkels)가 인상 깊었다. 감옥이 왜 이렇게 예뻤을까 싶을 정도로 특별한 건축물인데, 예술이 가미되니 어쩐지 실험적인 느낌도 있다.

레이와르던에서 차를 타고 추억의 드라흐턴에 갔다. 드라흐턴에 가니까 금발인 사람들도 더 많고, 네덜란드어 발음도 다르고 영어도 잘 안 통해서, 관광객이 꽤 되던 레이와르던에 비해서는 정말 프리슬란트에 온 것을 실감했다. 사실 작은 도시라 볼 건 없지만, 만약 가게 된다면 제과점 엠 본스트라(Banketbakkerij en Chocolaterie M Boonstra)를 추천한다. 나름 네덜란드 왕실에서 먹는 빵을 만드는 곳이다. 그냥 지나칠 수 없어서 쉬어 갈 겸, 빵집에 자리를 잡았다. 여러가지 케이크 중에서 난 크왁케이크를 골라 먹었다. 가볍고 산뜻한 케이크라 흡족했다. 그리고 커피와 함께 나온 작은 케이크 샘플은 어쩌나 맛있던지, 큰 걸로 사뒀다. 마치 떡같이 무게가 나가는 이 케이크 이름은 털프 케이크(Friesland turf cake). 계피 맛이 강하다.

그렇게 반나절 당일치기로 프리슬란트에 다녀오니, 마치 휴가 갔다 온 것처럼 즐겁고, 노곤하고, 또 네덜란드 어딘가로 떠나고 싶다. 네덜란드 국내 여행하는 재미가 이렇구나!

누나가 알려주는
네덜란드 생활팁

집 계약하기

푼다(Funda.nl) 등의 웹사이트를 통해 괜찮은 집을 발견한 뒤
엔 집을 두 번까지 직접 보고 결정할 수 있다. 이메일만 이용
할 것이 아니라 집을 꼭 보는 것을 추천한다. 생각지도 못하게
건물 외벽이나 옆집이 공사 중이거나 사진에 나오지 않은 공
동 계단이 가파르거나 더럽고 사진과는 다르게 낡은 경우가
많기 때문이다. 마음에 들면 '옵션'을 놓아서 최종결정할 때까
지 다른 사람한테 팔리지 않게 하는 방법도 있다. 네덜란드는
세입자 보호가 잘 되어 있지만, 주의할 점은 있다. 세입자는
에이전트(부동산)한테 돈을 낼 필요가 없다. 만약 돈을 달라고
한다면, 그건 불법이다. 일반적으로 표준 계약서를 쓰지만 집
주인에게 유리한 조항을 은근슬쩍 끼워 넣기도 하므로 잘 따
져보는 게 좋다. 네덜란드에서만 볼 수 있는 풍경도 있다. 내
가 본 여러 계약서에 집에서 매춘을 하거나 마리화나를 기르
면 안 된다는 조항이 있었다. 그리고 원한다면 물 위의 집인

하우스 보트에서 살 수도 있다. 하우스 보트를 방문하면 똑같은 집이지만 물이 밀리고 빠질 때마다 그 느낌이 고스란히 전해져 신기하다.

자전거 생활

자전거와 네덜란드 문화는 떼려야 뗄 수가 없다. 사람보다 자전거가 더 많은 나라다. 편리하고 빠른 자전거를 타고 운하의 다리를 건너가며 보는 경치는 정말 아름답다. 하지만 사고도 자주 나 안전을 항상 생각해야 한다. 위험을 방지하기 위해 비 오는 날, 특히 출퇴근 시간에는 대중교통을 이용하는 것도 방법이다.

그리고 수신호를 익히자. 뒷사람이나 자동차 운전자가 볼 수 있도록 우회전 할 때는 오른손을 내밀고 좌회전 할 때는 왼손을 내민다. 교통 신호등, 보행자도 조심해야 하지만, 다른 자전거 또한 조심해야 한다. 어느 쪽에서 누가 오는지 잘 보아야 한다. 도로 위 우선순위와 교통 신호등 시스템을 미리 숙지하면 도움이 된다. 무엇보다도, 교통 규범에 있어 자전거가 우선이라는 점을 기억하자. 보행자를 치어도 자전거 운전자가 유리하다고 하니, 걸을 때 반드시 자전거가 오는지 확인해야 하고 차를 몰 때도 자전거를 조심해야 한다.

자전거 도둑도 많다. 도둑을 막으려면 앞바퀴에 자물쇠를 채우고, 뒷바퀴에 또 한 번 자물쇠를 채운다. 항상 지정된 곳에 주차해야 한다. 아니면 구청에서 자전거를 떼어 간다.

운전할 때

일반적으로 속도는 시내에서는 시속 30km, 일반 주거지 주변에서는 50km, 그리고 고속도로는 100km까지 낼 수 있다. 속도위반에 엄청 까다롭고 벌금도 높아서, 시속 4km 정도 속도를 위반했다가 60유로 벌금을 낸 적도 있다. 만약 시속 30km 이상 위반하면 법정까지 가야 한다. 불법주차를 단속하는 차도 수시로 지나다니므로 주의해야 한다. 일요일이나 공휴일은 주차가 대부분 공짜지만 만약 장애인 전용 구역에 주차하면 벌금이 350유로다. 로터리가 많고 교통 신호등의 위치가 우리나라랑 조금 다르다. 로터리나 교차로에서 우선순위에 진심인 나라이기 때문에 운전을 하기 전에 현지 규칙을 알아두기를 추천한다. 종종 큰 배가 지나가도록 다리가 반쪽이 쪼개져 열리기도 해서, 한참 기다려야 하는 일이 있을 수도 있다. 도심에서는 자전거를 특히 주의한다.

식료품 구매

네덜란드의 성인 중 99%는 알버트 하인(Albert Heijn, AH)에서 장을 보지 않을까 싶을 정도로 AH 체인이 곳곳에 있다. 나름 유서 깊은 슈퍼로 지금은 거대 유통기업의 일부다. 이곳에 가면 네덜란드의 생활을 엿볼 수 있는 제품들이 있다. 예를 들면, 거의 모든 제품에 유기농 버전이 있다. 그리고 간단히 조리하기 편하게 썰고 자른 뒤 미리 레시피에 맞게 재료를 모아놓은 제품들이 주력상품이다. 그리고 한 5~10년 사이 굉장히 다양한 종류의 비건 고기와 대체 우유가 많아졌다. 요새는 농심 제품 중심으로 한국 라면과 김치도 살 수 있다. 식빵에 올려 먹게 두툼하게 잘려진 치즈들도 종류별로 많다. 우유곽에 담긴 대용량 커스터드 블라(Vla), 그리고 식감이 케이크와 쿠키의 중간인 쿡(Koek)처럼 네덜란드 밖에서는 구경하기 힘든 제품들도 있다. 대부분의 네덜란드 사람은 수돗물을 마신다. 만약 물을 산다면 플라스틱 병에 세금이 붙는데, 슈퍼마켓의 지정 기계에 병을 반납하면 세금 낸 것을 동전으로 돌려준다 (Statiegeld, 스타치헬드 프로그램).

우리나라에서 가져오면 좋은 것들

옷을 가져올 때 날씨를 고려해서 여름옷보다 가을 및 겨울용 옷을 더 많이 가져오면 좋다. 비가 많이 오니 방수 잠바는 여름 포함 사시사철 입게 된다. 실내용 슬리퍼나 수면양말도 좋다. 대부분의 집이 바닥이 따뜻하지 않고 벽에 붙여놓은 라디에이터로 난방을 해 발이 차가워지기 쉽기 때문이다. 기초 화장품은 우리나라가 더 잘 되어 있다. 항상 비가 오니 건조하지 않을 것 같지만 실내는 건조해서 피부와 입술이 자주 갈라진다. 우리나라 사람들과 피부 관리하는 방식이 달라 항상 쓰는 제품 타입이 있다면 가지고 오는 게 좋다. 안 가져와도 되는 건 여자는 명품 가방이나 하이힐, 남자는 넥타이이다. 물론 한두 켤레 구두나 정장, 넥타이 한 개쯤은 결혼식에 가거나 중요한 자리에서 착용하기 좋지만 나는 지난 몇 년간 하이힐은 커녕 구두도 안 신었다. 워낙 자전거를 많이 타고 비가 많이 오다 보니 그런 신발은 불편하다. 마지막으로, 나는 막걸리 셀프 키트를 사 와 즐겁게 막걸리를 담가 먹은 적이 있다. 막걸리도 막걸리지만, 전통주를 직접 만드는 소일거리가 생겨 좋았다. 우리나라에서만 찾을 수 있는 취미거리를 사 오는 것도 좋다. 다음에 갈 때는 윷, 투호며 제기를 사 올까 싶다.

요상한 에티켓

서로 살뜰히 챙기고 다정하면서도, 확실한 구분이 중요한 네덜란드의 모습이 이들의 에티켓에 보인다. 우선 인사 에티켓이 있다. 성별에 따라 인사 방법이 달라진다. 남자와 남자는 악수하면서 인사를 하고 남자와 여자, 그리고 여자와 여자는 세 번 반대쪽 뺨을 가까이하거나 맞대며 뽀뽀하듯이 쪽

소리를 낸다. 진짜 뽀뽀를 하는 사람도 있는데 대부분 그냥 입술로 소리만 내고 혹시나 뽀뽀를 직접 한다고 저의가 있는 건 아니다. 그리고 그렇게 인사하는 도중에 "잘 지냈어요?" "얼굴 좋아 보이네요" 같은 말들을 섞어 이야기한다. 그래서 아주 정신없고 바쁘다. 거기에 대부분의 서유럽 국가는 프랑스처럼 뽀뽀를 두 번 하는데 네덜란드는 세 번해서 헷갈릴 수 있다. 정신없이 얼굴을 돌리다가 가끔 진짜 입술에 뽀뽀하기도 한다.

그리고 누구를 만났을 때, 만난 상대뿐만 아니라 그 상대의 가족, 부모님, 같이 아는 지인 등 맥락에 적절한 사람들의 안부를 물어본다. 만약 잘 지내시라는 안부 부탁을 받았다면 그 안부를 전해줘야 한다. 그리고 안부를 받는 사람도 다시 안부를 전해줘야 한다. 안부 묻기의 서클이다.

외식할 때는 각자 먹고 싶은 것을 주문해서 먹는데, 나눠 줄 거라는 생각은 하지 않는 게 더 마음 편하다. 다른 것도 먹어보고 싶다면 미리 좀 나눠 주겠냐고 물어보거나, 조금씩 시켜서 나눠 먹자고 미리 제안하는 게 좋다. 피자집에서 각자 똑같은 피자 한 판씩 시켜놓고 먹는 사람들이다. 그리고 소스를 찍어 먹는 비터볼른, 치즈스틱, 나초 같은 핑거푸드는 소스를 한 번 찍고 먹었다면, 다시 안 찍는 게 예의다. 침이 한 번 묻은 음식인데, 나눠 먹는 소스에 또 찍어 침이 섞이면 껄끄럽다는 논리다.

현지인 같아 보이는 네덜란드 표현

영어를 할 줄 알고 번역앱을 쓰면 생활하는 데 지장이 없지만, 그래도 네덜란드에 왔다면 더치 발음이나 몇 가지 표현을 알아두자.

Alsjeblieft/Alstublieft/A.U.B.(알셰블리프트, 알스투블리프트, 아우베): 영어의 'Please'와 비슷하다. 서비스할 때 뭘 주면서 '여기 있습니다' 하는 뜻도 된다. 카페에서 주문할 때 "카푸치노 알셰블리프트(카푸치노 주세요)" 하면 네덜란드어를 할 줄 아는 것처럼 보인다.

Dankje wel/Danku(당케벨, 당큐): 고마워, 고맙습니다. (U로 끝나면 공손한 표현이다.)

Lekker(레컬): 음식이 맛있을 때, 날씨가 좋을 때 등 여러 경우에 맛있다, 좋다는 표현으로 쓰인다. 레스토랑에서 "Mmm, lekker!" 하는 소리가 많이 들린다. 종종 비꼬거나 반어법을 쓸 때도 "레컬"이라는 표현을 쓴다.

Gezellig(흐젤러흐): 대표적인 네덜란드의 정서랄까, 영어의 코지(Cozy), 덴마크어의 휘게(Hygge)랑 비슷하지만, 번역이 어렵다고들

한다. 보통 사람들이 둘 이상 모여서 즐겁고 아늑하고 행복한 시간 혹은 재미있는 시간을 보내면 Gezellig하다고 한다. 예를 들어 집에서 친구들과 보드게임을 하고 헤어질 때, "참 흐젤러흐 시간이었어" 하고 인사하거나, 가족들이 모두 모여 크리스마스 저녁을 먹은 그때가 "흐젤러흐"했다고 하는 식이다.

Borrel(보럴): 오후에 여럿이 모여 안줏거리와 함께 술을 마시는 때를 뜻한다. 나한테 영국의 애프터눈 티는 귀족 모임, 사치의 느낌이라면 보럴은 저잣거리에서 모여 잡담하며 술 마시고 손가락으로 안주를 집어 먹는 느낌이다.

Veel plezier(비일 플레지어): 좋은 시간 보내(세요)! 영어의 "Have fun!"과 같다.

Eet smakelijk(에잇 스마클륵): 맛있게 먹어(드세요).

Gezondheid(흐존드하이드): 영어의 "Bless you"처럼, 재채기를 한 사람에게 건강을 기원한다는 표현이다.

+ 헷갈릴 수 있는 네덜란드어

Panty's(팬티스): 팬티의 복수로 "팬티스"라고 읽는데, 우리가 아는 팬티가 아니라 여자 스타킹이다. "추운데 왜 팬티스를 안 입고 왔어"라고 친구가 이야기하면, 놀라지 말고 '아, 스타킹을 이야기하는구나~' 하면 된다.

Boterham(보터함): 버터+햄 같지만, 식빵이다.

Pindakaas(핀다카스): 직역하면 땅콩+치즈지만, 땅콩버터를 이른다.

Tandpasta(탄드파스타): 치약. 파스타보다 맛이 없다.

네덜란드의 공중화장실

정말 드물게 보이는 공중화장실도 이용하려면 대부분 동전이나 현지 체크카드가 있어야 한다. 그래서 만약의 상황을 대비해 1~2유로 동전을 여러 개 가지고 다니는 것도 나쁘지 않다.

공원에서 반려동물과의 조우

네덜란드는 대체로 동물을 잘 훈련하는 나라다. 머즐(입마개)을 채우는 개는 거의 못 봤지만 짖는 개도 거의 없다. 그만큼 보통은 위협적이지 않다. 그런데도 저먼셰퍼드가 우리 아기의 애착인형을 물어 가버린 적도 있고, 내가 만삭일 때 개가 너무 짖어 길을 못 지나가기도 했다. 그럴 때는 주인에게 상황에 맞게 주의시키기를 권한다. 공원에서 산책할 때 남편이 자주 하는 말 중에 하나가 '똥조심'이다. 그만큼 치우지 않은 똥이 많다. 그러니 알아서 잘 피해야 한다.

앱

우리나라에서 카톡 없이 못 사는 것처럼, 여기도 몇몇 앱이 아주 요긴한데, 아래는 내 핸드폰에서 절대 지워지지 않는 앱들이다.

구글 앱들: 구글 크롬은 네덜란드 자동번역이 되어 유용하다. 구글 번역기는 카메라 번역 기능이 있어서 공문서 읽을 때 편하다. 구글 맵은 필수품이다.

9292.nl: 대중교통 경로, 출발 및 도착시간, 지연 상황을 실시간 알아 볼 수 있어서 대중교통 쓸 때 필수다.

Flitsmeister: 운전할 때 속도위반 카메라가 어딨는지 알려줘 도움이 된다.

Parkmobile: 모바일 주차비 정산 앱. 구식 기계를 찾지 않아도 되어

주차비 정산하기 편리하다.

Uber: 택시 탈 때 사용하는 앱. 암스테르담 대다수의 전문 택시는 전기차이고 깨끗하지만, 우버 가격은 못 따라간다.

Digi ID: 한국의 공인인증과 비슷한 개념의 앱이다.

Tikkie: 전자 더치페이, 단순화된 계좌이체 앱이라고 보면 이해가 쉽다. '더치페이'로 유명한 나라 아니랄까 봐 없으면 난감할 정도로 많이 쓰인다. 종종 지나친 티키 사용에 대해 성토하는 사람들도 있다. 회사에서 1유로짜리 커피를 같이 마시자고 해놓고서는, 1유로 티키를 보냈다는 사람, 자기가 돈을 낼 때는 아무 말도 안 했다가, 데이트 끝나고 집에 왔는데 티키 요청을 받았다는 이야기 등 말이다.

PICNIC: 슈퍼마켓 앱. 알버트하인(AH)에 비해 최저 구매 금액이 낮아서, 가족 구성원이 적은 사람들이 쓰기 좋다.

Whatsapp: 우리나라에선 카톡이라면 네덜란드 사람들은 와츠앱을 쓴다.

네덜란드에서 아프면

많은 외국인이 네덜란드 의료시스템에 불만이 많은데, 약물에 의존하기보다 신체가 스스로 극복하게끔 유도하는 철학이 있어 그런 것 같다. 정말 아픈 게 아니면 해열 및 진통제인 파라세타몰이 만병통치약처럼 쓰인다. 항생제가 들어 있는 연고가 우리나라에서는 당연하다면 여기서는 의사 처방을 받아야만 살 수 있다. 만약에라도 아프면, 가정의한테 먼저 가야 한다. 언제 아플지 모르는 만큼 미리 동네 가정의에 등록해두는 게 중요하다. 진료 예약도 쉽지는 않은데 사정이 있다면 아주 강하게 요구하는 게 요령이다. 상황이 심각해 병원이나 전문의 진단을 받으려면 가정의의 추천서가 필요하다. 슈퍼마켓은 물론 약국(Apotheek)이나 생필품 체인 에토스(Etos) 같은 곳에서 진단서 없이 해열제나 감기약 정도는 살 수 있다. 많은 의약 제품이나 서비스가 보험 처리가 되어 대부분 무료다.

귀국할 때 선물로 뭘 가져가지?

치즈는 네덜란드의 몇 안 되는 특산물이고 누구나 한번 먹어볼 만하다. 조심해야 할 점은 우리나라에 반입하려면 조건이 있다는 점이다.[62] 치즈 전문점에 가면 저울에 재서 여러 가지 맛을 소량씩 살 수 있다. 진공포장이 되고 라벨을 찍어줘서 국내 반입 시 편리하다. 네덜란드 치즈 중 추천하는 것은 다음과 같다. 하우다(Gouda) 용(Jong) 치즈는 부드럽고 단맛과 짠맛이 어우러진 전형적인 네덜란드 치즈다. 2년 혹은 4년간 숙성한 치즈는 식감은 굳은 퍼지나 누가와 비슷하고 과일 맛, 풀향, 건과일 맛 등 여러 가지 맛이 느껴져 와인과 같이 먹으면 재미있다. 염소 치즈는 일반 치즈보다 더 담백하고 건강하다. 라벤더 치즈, 트러플 치즈도 맛있다.

반 고흐, 렘브란트, 페르미에르, 몬드리안 등 네덜란드 출신의 유명한 화가들이 많은 만큼 명화 굿즈도 선물하기 좋다. 뮤지엄 숍에 가거나 백화점에 가면 여러 가지 제품이 많이 나와 있다. 심지어 반 고흐의 〈감자 먹는 사람들〉에서 영감을 받는 반 고흐 감자칩도 있다. 선물 받는 사람이 요리를 좋아한다면 같이 만들어 먹기에 재미있는 네덜란드 제빵 키트나 양념 키트도 좋다. 네덜란드식 케이크 키트는 1~2유로면 살 수 있고 레시피만 따라 하면 현지 맛이 나온다. 보터쿡(버터 맛의 케이크)하고 크라우드케이크(계피맛 진한 케이크) 키트는 따로 사야 하는 부재료가 국내에서도 쉽게 구할 수 있는 제품이다.

미주

1   Average Annual Precipitation for the Netherlands, Amsterdam, Current Results, https://www.currentresults.com/Weather/Netherlads/precipitation-annual-average.php

2   Final consumption expenditure (% of GDP), World Bank Group, https://data.worldbank.org/indicator/NE.CON.TOTL.ZS, 2023. Gross Savings(% of GDP), World Bank Group, https://data.worldbank.org/indicator/NY.GNS.ICTR.ZS, 2023

3   Dutch inheritance tax, Dutch Umbrella Company, https://dutchumbrellacompany.com/expat-desk/dutch-inheritance-tax/#:~:text=Dutch%20inheritance%20tax%20rates%20vary%20depending%20on%20the,grandchildren%20and%20great-grandchildren%20vary%20from%2018%25%20to%2036%25%3B

4   Yvonne Schonbeck et al, The world's tallest nation has stopped growing taller: the height of Dutch children from 1955 to 2009, Pediatric Research, https://www.nature.com/articles/pr2012189#Abs1, 10 December 2012

5   Erin Meyer, The Culture Map, 15 March, 2021

6   Time and Date, https://www.timeanddate.com/sun/netherlands/amsterdam?month=1&year=2024, 1 January 2024

7   Kavana Desai, Seasonal depression in the Netherlands: what to do when feeling SAD, Dutchreview, https://Dutchreview/expat/health/seasonal-depression-in-the-netherlands/, 17 April 2024

8   Dutch Flag, Vexillology Matters, http://www.vexillologymatters.org/

dutch-flag.htm

9   Dutch Flags, iamexpat, https://www.iamexpat.nl/expat-info/the-
    netherlands/dutch-flags; Whitney Smith, Flag of the Netherlands,
    Britannica, https://www.britannica.com/topic/flag-of-the-
    Netherlands; Nederlandse vlaggen, Holland Vlaggen, https://www.
    hollandvlaggen.nl/producten/vlaggen/nederlandse-vlaggen/

10 Dutch Flags, iamexpat, https://www.iamexpat.nl/expat-info/the-
    netherlands/dutch-flags; Whitney Smith, Flag of the Netherlands,
    Britannica, https://www.britannica.com/topic/flag-of-the-
    Netherlands; Nederlandse vlaggen, Holland Vlaggen, https://www.
    hollandvlaggen.nl/producten/vlaggen/nederlandse-vlaggen/

11 Tulip mania, Wikipedia, https://en.wikipedia.org/wiki/Tulip_mania

12 Tulip mania, Wikipedia, https://en.wikipedia.org/wiki/Tulip_mania

13 Tulip mania, Wikipedia, https://en.wikipedia.org/wiki/Tulip_mania

14 Joanna Kakissis, The Netherlands' Huge Flower Sector Wilts
    As Coronavirus Hurts Business, NPR, https://www.npr.
    org/2020/03/25/820239298/netherlands-huge-flower-sector-wilts-
    as-coronavirus-hurts-business?t=1626178448761, 25 March 2020

15 The Largest Floral Market in the World, Expat Republic, https://www.
    expatrepublic.com/largest-floral-market-world/

16 Freya Sawbridge, How did the Netherlands become the first country
    without stray dogs?, Dutchreview, https://dutchreview.com/culture/
    how-did-the-netherlands-become-the-first-country-to-have-no-
    stray-dogs,/ 27 November 2023

17 Ceren Spuyman, Having a pet in the Netherlands: All you need to
    know, Dutchreview, https://Dutchreview/expat/pet-netherlands/, 13
    February 2021

18 GDP by Country, Worldometers, https://www.worldometers.info/
    gdp/gdp-by-country/, 2023

19 Oost-Indisch_Huisnone straight houses, Wikipedia, https://
    nl.wikipedia.org/wiki/Oost-Indisch_Huis_(Amsterdam)

20 Sarah O'leary, Amsterdam's canal houses: why are they so wonderfully weird?, Dutchreview, https://Dutchreview/culture/amsterdam-canal-houses/, 17 November 2023

21 Sarah O'leary, Amsterdam's canal houses: why are they so wonderfully weird?, Dutchreview, https://Dutchreview/culture/amsterdam-canal-houses/, 17 November 2023

22 Port of Rotterdam, Wikipedia, https://en.wikipedia.org/wiki/Port_of_Rotterdam; Amsterdam Airport Schiphol, Wikipedia, https://en.wikipedia.org/wiki/Amsterdam_Airport_Schiphol;

23 Netherlands Country and Commercial Guide, International Trade Administration, https://www.trade.gov/country-commercial-guides/netherlands-market-overview#:~:text=The%20country%20has%20capitalized%20on%20its%20location%20and,%28GDP%29%20of%20just%20under%20%241%20trillion%20in%202022.,17 January 2024

24 Mark McDaid, Dutch among most multilingual in Europe, I Am Expat, https://www.iamexpat.nl/expat-info/dutch-expat-news/dutch-among-most-multilingual-europe

25 Sundra Chelsea Atitwa, The Biggest Industries in the Netherlands, World Atlas, https://www.worldatlas.com/articles/which-are-the-biggest-industries-in-the-netherlands.html#:~:text=The%20Biggest%20Industries%20In%20The%20Netherlands%201%20Agriculture,5%20Tourism%20Industry%20...%206%20Other%20Sectors%20, 14 December 2018

26 Sundra Chelsea Atitwa, The Biggest Industries in the Netherlands, World Atlas, https://www.worldatlas.com/articles/which-are-the-biggest-industries-in-the-netherlands.html#:~:text=The%20Biggest%20Industries%20In%20The%20Netherlands%201%20Agriculture,5%20Tourism%20Industry%20...%206%20Other%20Sectors%20, 14 December 2018

27 UNICEF Innocenti Report Card, UNICEF, UNICEF-Report-Card-16-Worlds-of-Influence-EN.pdf, 2020

28 Figure 2.1: Country Rankings by Life Evaluations in 2021-2023, World Happiness Report 2024, United Nations World Happiness Report, https://worldhappiness.report/ed/2024/happiness-of-the-younger-the-older-and-those-in-between/#ranking-of-happiness-2021-2023, 2024

29 Infant mortality rate, CIA, https://www.cia.gov/the-world-factbook/field/infant-mortality-rate/country-comparison/, 2024

30 9 maanden+, Jeugd en Gezin, Gooi en Vechtstreek

31 출처가 명시되지 않은 핀터레스트(Pinterest) 게시물

32 Brent Manke, What Jip en Janneke Can Teach Us About Storytelling, BrentManke.com, https://brentmanke.com/what-jip-en-janneke-can-teach-us-about-storytelling/, 1 April 2011

33 Dutch Design, Wikipedia, https://nl.wikipedia.org/wiki/Dutch_Design

34 Hoe regelen basisscholen de schooltijden en lesuren?, Rijksoverheid, https://www.rijksoverheid.nl/onderwerpen/schooltijden-en-onderwijstijd/vraag-en-antwoord/hoe-regelen-basisscholen-de-schooltijden-en-lesuren

교육부, 초·중등학교 교육과정 총론, 교육부 고시 제2015-74호 [별책 1], https://ncic.go.kr/mobile.dwn.ogf.originalFileTypeDownload.do?fileNo=10003461&fileExp=PDF&refPath=%EC%9B%90%EB%AC%B8+PDF+%ED%8C%8C%EC%9D%BC+%EB%8B%A4%EC%9A%B4%EB%A1%9C%EB%93%9C, 2015

35 Netherlands Enterprise Agency RVO, Employment of minors and young adults, Business.gov.nl, https://business.gov.nl/regulation/employment-young-people/

36 청소년의 근로 가능 연령, 찾기 쉬운 생활 법률 정보, https://www.easylaw.go.kr/CSP/CnpClsMain.laf?popMenu=ov&csmSeq=1381&ccfNo=1&cciNo=1&cnpClsNo=1&menuType=cnpcls&search_put=%EA%B7%BC%EB%A1%9C%EC%B2%AD%EC%86%8C%EB%85%84, 2024년 6월 15일

37 Netherlands Enterprise Agency RVO, Employment of minors and

young adults, Business.gov.nl, https://business.gov.nl/regulation/
employment-young-people/

38 Marilene Gathier, De geschiedenis van Nederland, Welkom in
    Nederland, 2022

39 Pre-vocational secondary education (VMBO), Government of
    the Netherlands, https://www.government.nl/topics/secondary-
    education/different-types-of-secondary-education/pre-vocational-
    secondary-education-vmbo

40 Calvinisme, Wikipedia, https://nl.wikipedia.org/wiki/Calvinisme

41 Joanna Mendelssohn, Rembrandt, capitalism and great art: the
    Dutch golden age comes to Sydney, theconversation.com, https://
    theconversation.com/rembrandt-capitalism-and-great-art-the-
    dutch-golden-age-comes-to-sydney-87429, 14 November 2017;
    Dutch Golden Age painting, Wikipedia, https://en.wikipedia.org/wiki/
    Dutch_Golden_Age_painting

42 Sophie Ploeg, 17th Century Dutch Dress, Sophie Ploeg, https://www.
    sophieploeg.com/blog/17th-century-dutch-dress/, 13 February 2018

43 Jason Hanratty, Doughnut History Dutch, Doughnuts and the
    Salvation Army, https://scalar.usc.edu/works/doughnuts-and-the-
    salvation-army/dutch-doughnuts, 23 April 2017

44 Snertkoken, Kenniscentrum Immaterieel Erfgoed Nederland, https://
    www.immaterieelerfgoed.nl/nl/snertkoken

45 Snertkoken, Kenniscentrum Immaterieel Erfgoed Nederland, https://
    www.immaterieelerfgoed.nl/nl/snertkoken

46 Lisa Bramen, Hutspot—the Taste of Dutch Freedom, Smithsonian
    Magazine, https://www.smithsonianmag.com/arts-culture/
    hutspotthe-taste-of-dutch-freedom-101179337/, 1 October 2010

47 Deventer Koek, Wikipedia, https://nl.wikipedia.org/wiki/Deventer_
    koek

48 Country Size Comparison, My Life Elsewhere, https://www.
    mylifeelsewhere.com/country-size-comparison/

49　Google, 8 August 2024

50　Wayne Crossland, Top 10 Cities by Museums Per Capita in 2024:
A Guide for Art Enthusiasts, Drawing Fan, Cities with the Most
Museums per Capita: Paris, Los Angeles, and Seoul Lead the Way –
Drawing Fan, 21 March 2023

51　Feargus O'Sullivan, Street by Street, Amsterdam Is Cutting Cars Out
of the Picture, Bloomberg, https://www.bloomberg.com/news/
articles/2019-10-07/how-amsterdam-is-closing-the-door-on-
downtown-cars, 7 October, 2019

52　Drenthe, Wikipedia, https://en.wikipedia.org/wiki/Drenthe

53　Drenthe, Wikipedia, https://en.wikipedia.org/wiki/Drenthe

54　National Park Drentsche Aa, https://www.drentscheaa.nl/serviceblok/
english-0/

55　Noaberschap, Wikipedia, https://nl.wikipedia.org/wiki/Noaberschap

56　Religion in the Netherlands, Wikipedia, https://en.wikipedia.org/wiki/
Religion_in_the_Netherlands

57　Oirschot, Proosbroekweg 11 - Kapel O.L. Vrouw van de Heilige
Eik, Reliwiki, https://www.reliwiki.nl/index.php/Oirschot,_
Proosbroekweg_11_-_Kapel_O.L._Vrouw_van_de_Heilige_Eik

58　Broederscap van Onze Lieve Vrouw Van Den Bosch,
Zoetelievevrouw, https://zoetelievevrouw.nl/languages/english/

59　Helene Kröller-Müller, Wikipedia, https://en.wikipedia.org/wiki/
Helene_Kr%C3%B6ller-M%C3%BCller

60　History Scope, Why The Dutch Turned A Sea Into A Lake, Youtube,
https://www.youtube.com/watch?v=OdVEVP9mRRU, 3 March 2018

61　Afsluitdijk, Wikipedia, https://nl.wikipedia.org/wiki/Afsluitdijk

62　자세한 내용은 농림축산검역본부와 인천공항 검역안내를 통해 확인한다.